Stephan Falk

Handbuch für Mediaberater im Hörfunk

2., aktualisierte Auflage

Bildnachweis Titel: istockphoto.com

Die Deutsche Nationalbibliothek verzeichnet diese Publikation in der Deutschen Nationalbibliografie; detaillierte bibliografische Daten sind im Internet über http://dnb.d-nb.de abrufbar.

ISBN 978-3-8329-5873-2

1. Auflage ist erschienen bei Verlag Reinhard Fischer, München.

2., überarbeitete und aktualisierte Auflage 2011

Stephan Falk

FALKS HANDBUCH

FÜR MEDIABERATER IM HÖRFUNK

(Zweite aktualisierte Auflage 2011)

Inhalt

Vorwort

Was haben Sie mit Heidi Klum, Dieter Bohlen und Detlef D! Soost gemeinsam?

Sie alle arbeiten in den Medien. Und während die einen ein „Gesamtpaket“ suchen, sind Sie bestrebt, sich zu einem beruflichen Gesamtpaket zu entwickeln – oder warum sonst halten Sie dieses Buch in Händen? Sie wollen sich Fähig- und Fertigkeiten, andere sprechen von Wissen und Können, aneignen, um ein erfolgreicher oder noch erfolgreicherer Mediaberater zu werden. In Punkto Fähig- und Fertigkeiten oder Wissen und Können lässt dieses Handbuch keine Wünsche offen. Der Autor weiß genau, worauf es ankommt.

Doch oft reicht alleine das Wissen und Können heute nicht aus, um auch bestehen zu können. Neben den Fähig- und Fertigkeiten bestimmen zusätzliche wahrnehmungs-zentriete Parameter das Wohlbefinden eines Gesamtpaketes. Hierzu so viel:

Mit einem Paket ist es manchmal so eine Sache. Man weiß nie genau, was drinnen steckt und was auf einen zukommt. Möglicherweise handelt es sich ja um ein „üÜ“ (übles Überraschungsei). Bei Ihrem Streben nach einem Gesamtpaket sollten Sie daher wissen, was auf Sie zukommen könnte:

The dark side of the moon.

1. Keiner wird Sie lieben ...

   ... weder Ihr Vorgesetzter, noch Ihre Vertriebskollegen oder die Mitarbeiter aus der Programmredaktion.

   Ihr Chef ist mit Ihren Umsätzen unzufrieden, da sie den Planzahlen hinterherhinken (*Tipp: Konservativ planen*), Ihre Vertriebskollegen argwöhnen, dass Sie vielleicht doch mehr verdienen könnten, als sie selbst, da Ihnen doch ein super Vertriebsgebiet oder eine vermeintlich lukrativere Branche zugeteilt wurde (*auf keinen Fall über Geld sprechen*), und für die Mitarbeiter aus dem Programm / der Redaktion sind Sie einer, der das musikalisch-journalistisch-serviceorientierte Gesamtkunstwerk mit Patronaten, Sponsorings und all dem anderen Werbezeug zumüllt. Ganz unbeliebt machen Sie sich bei den Gralshütern, wenn Sie Sonderwerbeformen umgesetzt haben möchten, also Arbeit und keinen „stressfreien Umsatz in Werbeblöcken" generieren (*vielleicht ab und zu einmal vorsichtig daran erinnern, dass dieses „Werbezeug" die wirtschaftliche Grundlage des Senders darstellt*).

Und auch Ihre Kunden betrachten Sie mit Skepsis – wollen Sie doch immer nur ihr „Bestes" (*sprechen Sie über Werte, nicht über Preise. Ein Glas Wasser in der Wüste hat einen enormen Wert – und in der Inlocation bezahlen Sie freiwillig für ein Gläschen Wasser einen enormen Preis. Es liegt eben immer an der Betrachtungsweise*). Und bitte: Belästigen Sie Ihre Kunden nicht. Rennen Sie nicht jedes Mal wegen „Himpelchen und Pimpelchen" hin oder rufen an. Gestalten Sie mit Ihren Kunden Jahresplanungen und legen Sie Informationszyklen fest. Nichts ist lästiger als ein Mediaberater, der „nur mal so vorbeikommt" und sich als Zeitdieb zu erkennen gibt. Manchmal ist weniger eben doch mehr.

2. Apropos Zeit: Auch Sie haben eine Halbwertszeit.Planen Sie Ihre Zukunft. Sprechen Sie frühzeitig mit Ihrem Arbeitgeber, welche Perspektiven Sie in dem Unternehmen haben, denn Sie werden nicht ewig als Mediaberater unterwegs sein können. Der Grund: Der Zahn der Zeit wird auch an Ihnen nagen, nicht jedoch an der Positionierung des Senders. Das heißt, dass Sie mit Ihrem Sender, der Zielgruppe des Senders und den Werbekunden nicht ewig kongruent sein werden. Ihre Erfahrungen und Ihr Wissen jedoch werden für Ihren Arbeitgeber immer wertvoller. Machen Sie etwas daraus und lassen Sie sich irgendwann nicht einfach aussortieren und konstruiert abschieben.

Die andere Seite der Medaille.

Oder: Always look on the bright side of life.

Sie haben einen wunderbaren Job,
da Sie ständig neue Menschen kennenlernen (wo gibt es das denn schon),
da Sie Ihren Tagesablauf im Großen und Ganzen selbst bestimmen und organisieren können,
da Sie sich ständig auf neue Herausforderungen einstellen dürfen,
da Sie die Bedeutung des Wortes „Monotonie" nur aus Wikipedia kennen.

Sie dürfen kreativ sein, sich etwas „eindenken", experimentieren und nach Lösungen suchen. Sie dürfen entwickeln und querdenken, Sie dürfen helfen und Sie dürfen neue Wege beschreiten.

Sie haben „Luft zum Atmen", und jeden Tag wartet auf Sie – sofern Sie das möchten – ein neues spannendes Abenteuer.

And – last but not least: Sie können richtig Geld verdienen (um diesem schnöden Aspekt des Mammons auch einmal Genüge zu tun). Wie viel, das liegt ganz bei Ihnen. In der Regel werden sich Ihre Basisbezüge eher bescheiden ausnehmen, aber die Provisionsregelungen können es schon happig in sich haben ☺.

Bonne chance!

Klaus Schirpke

Geschäftsführender Gesellschafter der Duisberg Teams GmbH.

(Beratungsunternehmen für strategisches und operatives Marketing).

Im Herbst 2010.

Vorwort / Dank von Stephan Falk

Unglaublich. Als ich vor mehr als vier Jahren die erste Auflage von „Falks Handbuch für Mediaberater im Hörfunk“ geschrieben habe, habe ich keinen Gedanken daran verschwendet, wie oft sich dieses Buch verkaufen lässt. Mir ging es darum, meine Erfahrungen und mein Wissen an Interessierte weiterzugeben. Ich war sehr positiv überrascht, als mich Anfang 2010 Herr Fischer vom Nomos-Verlag informierte, dass die erste Auflage komplett vergriffen ist, und mich bat, eine aktualisierte Auflage zu schreiben. Damit wurde mir einmal mehr bewusst, dass es leider so gut wie keine Literatur zu diesem Thema auf dem deutschen Markt gibt. Das ist schade. Dieses aktualisierte Buch soll ohne wissenschaftlichen Anspruch einen Über- und Einblick in die (Verkaufs-) Welt des Radios geben. Radio war und ist für mich immer ein Stück Abenteuer! Privatradio hat scheinbar keine wirklichen Gesetze, oder doch? Oft wirkt vieles auch heute noch ein Stück weit willkürlich auf mich. Was heute richtig ist, kann morgen falsch sein. Radio ist wie das richtige Leben: Eine ständige Veränderung. Jeder Tag ist anders. Insbesondere Neueinsteiger als Mediaberater im Hörfunk werden oft verunsichert. Sie finden nur schwer gebündelte Informationen zum Thema „Radio und Verkaufen“, dazu noch bezogen auf lokalen und regionalen Verkauf von Radiowerbung. Selbst in einem Sender gibt es schon mal mehrere Begriffe für ein und dieselbe Sache. Im Prinzip benötigt man Zeit, um die wirklich haltbaren Dinge in dieser Branche zu erkennen und kennen zu lernen. Leider hat man aber nicht viel Zeit, wenn man im Verkauf startet.

Hat man den Radiovirus allerdings einmal eingefangen, so kommt man kaum mehr davon los. Einmal richtige „Radioluft“ geatmet, immer „Radioluft“ atmen! Wer diese „Grenze“ als Mediaberater im Hörfunk einmal überschritten hat, wird wohl kaum mehr in einen anderen Bereich wechseln wollen. Ich habe schon Mediaberater getroffen, die aus voller Überzeugung sagten: „Das ist ein Traumjob!“. Denn Mediaberater im Hörfunk zu sein bedeutet, kreativ verkaufen zu können, zu müssen und zu dürfen. Ich hoffe, dass Ihnen mein Handbuch ein wenig dazu hilft, dass die Arbeit als Mediaberater im Hörfunk auch Ihr Traumjob wird.

Mein Dank für die Zusammenarbeit an diesem Handbuch gilt ganz besonders:

Tanja Härtel, ohne ihre Mitarbeit wäre die erste Auflage wohl nie geschrieben worden. Sie hat u. a. dafür gesorgt, dass ich ständig am Ball bleibe und meine Erfahrungen und meine Leidenschaft für dieses Medium auch anderen zugänglich mache.

Berit Zerche, für die großartige Unterstützung im Kapitel „Erfolgreiche Kommunikation mit dem Kunden".

Herrn Prof. Dr. Claudius A. Schmitz, der mir die „tierische" Kundentypologie aus seinem Buch „Charismating" (welches ich nur wärmstens empfehlen kann!) freundlicherweise zur Verfügung gestellt hat. Es macht große Freude, mit dieser Kundentypologie in der Praxis zu arbeiten.

Herrn Dieter K. Müller und Herrn Lothar Mai von der ARD-Werbung SALES & SERVICES GmbH aus Frankfurt am Main für die freundliche Unterstützung sowie die Freigabe zur Nutzung sämtlicher Darstellungen im Kapitel „Die Media-Analyse im Hörfunk (ag.ma)". Die beiden Herren sind für mich die Radio-Mathematiker schlechthin. Ebenso ein Dank an Herrn Thomas Dausner von der Radioforschung der ARD-Werbung SALES & SERVICES GmbH

Anja Frosch, eine sehr gute Kollegin, mit der ich seit mehr oder weniger ca. 20 Jahren zusammen arbeite.

Nicht zuletzt all den Mediaberatern und meinen Seminar-/ und Trainingsteilnehmern, mit denen ich zusammenarbeiten durfte und darf.

Und natürlich allen Auftraggebern, Kunden und Kollegen, denen ich im Laufe der Jahre begegnet bin und viele unterhaltsame und interessante Gespräche geführt habe.

Von allem habe ich irgendwann irgendetwas an Erfahrung und Wissen mitgenommen.

Im Herbst 2010, Stephan Falk

1. Einleitung „Radio und Neurologie“

Was hat Radio mit dem Wissen über Neurologie zu tun, und wie weit ist es hilfreich, in der täglichen Arbeit als Mediaberater im Hörfunk damit zu arbeiten?

Ich finde, es gibt mindestens drei wichtige Erkenntnisse aus der Neurologie, die jeder Mediaberater im Hörfunk verinnerlichen sollte, denn dieses Wissen ermöglicht es ihm, mehr Umsatz zu generieren.

I. Wussten Sie zum Beispiel, dass ca. 75 % bis 90 % der Kommunikation non-verbal vermittelt wird, und lediglich knappe 10 % bis 25 % verbal? Dieses Wissen ermöglicht uns, Verkaufsgespräche mit unseren Kunden anders wahrzunehmen und mehrere Signale auf verschiedenen Sinneskanälen zu empfangen. Manch ein Kunde hat schon lange non-verbal dem möglichen Auftrag zugestimmt, nur aus irgendeinem Grund kommt es ihm nicht über die Lippen. Der Mediaberater geht im ungünstigsten Fall – und dies ist leider keine Seltenheit - ohne unterschriebenen Werbeauftrag aus dem Gespräch, fragt sich, warum der Auftrag nicht unterschrieben wurde, und findet keine Antwort darauf. Es ist sehr gut möglich, dass der Mediaberater in solch einem Fall die non-verbalen Signale des Kunden nicht wahrgenommen oder gar falsch interpretiert hat. Und wenn ihm dies einmal passiert, dann ist die Wahrscheinlichkeit groß, dass seine Vorgehensweise sich wiederholt und er sich somit um ein Vielfaches an mehr Umsatz und Erfolgserlebnissen bringt.

Ca. 75 % bis 90 % der Kommunikation wird auf der non-verbalen Ebene vermittelt, nur lediglich knappe 10 % bis 25 % verbal!

II. Eine weitere wichtige Rolle spielt unser Unbewusstes (Umgangssprachlich gerne als Unterbewusstsein bezeichnet.). Unser Gehirn nimmt pro Sekunde durchschnittlich ca. 10,8 Millionen Bytes wahr, und davon landen gerade mal 10 bis 40 (!) Bytes in unserem Bewusstsein. Der große Rest, immerhin unglaubliche 99,9 % an Informationen werden im Unbewussten abgespeichert, und spielen erst dann eine ausschlaggebende Rolle bei unseren Entscheidungen bzw. beim Bilden von Entscheidungen, wenn diese relevant ist bzw. abgerufen wird. Wir haben zwar immer den Eindruck, wir hätten die Entscheidung aus dem Bewusstsein heraus getroffen, in Wahrheit aber hat uns unser Unbewusstes bereits eine Zehntelsekunde vorher die Entscheidung ausgewählt und in unser Bewusstsein geschickt.

Letztendlich täuschen wir uns damit ständig. Dies sollte uns allerdings keine Angst machen! Das Wissen darüber hilft uns, die eine oder andere Situation besser einzuschätzen oder zu verstehen. Und somit auch unseren Kunden besser zu verstehen.

Da es sich hier um Ergebnisse aus verschiedenen wissenschaftlichen Studien handelt, sollten wir diese Zahlen ernst nehmen und uns merken. Denn hier findet sich bereits ein wesentliches (Verkaufs-) Argument, welches für das Medium Radio als Werbeträger spricht. Wir alle wissen, dass Radio ein Nebenbei-Medium ist, und dem einen oder anderen fällt es schwer, dies zu akzeptieren. Mit dem oben beschriebenen Wissen jedoch sollte es uns leichter fallen, unser Medium als Nebenbei-Medium anzunehmen. Ich finde, das ist nämlich gerade die unvergleichliche Stärke von Radio. Denn gerade hier liegt eine enorme, wenn nicht sogar die größte Stärke dieses Mediums. Wenn Radio wirklich ein Nebenbei-Medium ist und unser menschliches Gehirn sekündlich über 10 Millionen Bytes an Informationen im Unbewussten verarbeitet, dann können wir uns auch sicher sein, dass jeder Radiospot im Unbewussten an einem geeigneten Platz gespeichert und zum „richtigen Zeitpunkt“ aufgerufen wird. Für jeden, der Werbezeiten verkaufen möchte, eine tolle Nachricht.

Hören wir also mehrmals einen gut produzierten Radiospot für beispielsweise eine Fertigpizza, dann sollten wir uns nicht wundern, wenn wir zum späteren Zeitpunkt im Supermarkt ausgerechnet diese im Hörfunk beworbene Pizza in den Einkaufswagen legen. So manch einer wird nun sagen: „Ja, aber das ist doch Manipulation." Natürlich ist es das, allerdings: Wer hat jemals gesagt, dass Werbung nicht manipulativ ist? Nur Radiowerbung manipuliert somit einfach angenehmer und wesentlich subtiler, wie ich finde. Denn der Rezipient erinnert sich in den seltensten Fällen bewusst an den Pizza-Radiospot. Letztendlich reicht es unseren Kunden und uns aus, wenn eine Wahrnehmung im Unbewussten erfolgt und eine Kaufentscheidung damit final beeinflusst wird.

Unser Gehirn nimmt pro Sekunde bis zu 10,8 Millionen Bytes wahr. Davon aber gerade mal 10 – 40 (!) Bytes bewusst!

III. Vielleicht haben Sie schon einmal folgenden Satz gehört: „The brain runs much better with fun and pleasure!". Was nicht vielmehr heißt als „Mit Spaß geht alles viel leichter!". Und wenn wir Spaß haben, dann sind wir vor allem auch wesentlich kreativer!

Dies mag uns beim ersten Durchlesen nicht sonderlich überraschen. Haben Sie jedoch schon einmal daran gedacht, kurz bevor Sie in ein Kundengespräch gegangen sind? Wahrscheinlich die wenigsten von uns! Wir haben oft die Angewohnheit, Kundentermine als überaus ernste Angelegenheit einzustufen, und geben einem einzigen Termin somit eine nicht im Verhältnis stehende Gewichtung. Wir begegnen einem Kundentermin mit solch einem Gewicht, als würde am Ausgang vom Termin unser Leben hängen. Unabhängig davon, dass wir jetzt auch von wissenschaftlicher Seite den Beweis geliefert bekommen haben, dass Spaß sowie Freude die Arbeit erleichtern und die Produktivität erhöhen, bin ich fest davon überzeugt, dass Ihre Kunden sich auch eher auf unterhaltsame Verkaufsgespräche oder Meetings mit ihnen freuen.

Sie werden wesentlich entspannter in solchen Gesprächen sein, wenn Sie diese nicht „staatstragend" und mit übertriebener Wichtigkeit angehen. Versuchen Sie bei Ihrem nächsten Kundentermin, der ganzen Thematik einen anderen Schwerpunkt zu verleihen und Sie werden beobachten, mit welcher Leichtigkeit ein Verkaufsgespräch verlaufen kann. Was kann schon passieren?

Aber bitte verstehen Sie diesen Hinweis nicht als Aufforderung, eine neue Comedy-Entdeckung für ihren Sender zu werden. Zuviel Spaß ist kontraproduktiv. Auch hier liegt die Lösung im Mix, oder besser gesagt in der Balance.

The brain runs much better with fun and pleasure!

2. Einführung in das Marketing

Immer wieder erlebe ich es, dass Mediaberater und Mediaberaterinnen „Marketing“ und „Vertrieb“ in einen Topf werfen. Dieses Kapitel soll Ihnen einen ersten und groben Überblick über die weite Welt des Marketings verschaffen. Es versteht sich von selbst, dass hier nur Themen angerissen werden. Dem interessierten Leser steht am Ende des Buches ein Literaturverzeichnis zur Verfügung, falls er mehr zu einem bestimmten Thema erfahren möchte.

2.1. Woher kommt die Bezeichnung „Markt“ und was versteht man darunter?

Unter der Begrifflichkeit „Markt“ versteht man – wirtschaftstheoretisch - folgenden Vorgang: Angebot und Nachfrage treffen aufeinander, und Anbieter und Nachfrager tauschen - eingebettet in einen Wettbewerbsprozess - Leistungen aus.

Und was tun Märkte eigentlich nun?

- Märkte regeln Angebot, Nachfrage und Preis.
- Märkte geben die Möglichkeit des Interessenausgleichs.
- Märkte fördern die Produktion und den Austausch bzw. die Verteilung von Gütern.

Marktverhalten:
Es gibt lediglich drei mögliche Verhaltensweisen der Anbieter, der Konkurrenten bzw. Mitbewerber und der Nachfrager, nämlich:

- **nichts zu tun!**
- **zu agieren (z. B. den Preis setzen)!**
- **zu reagieren (z. B. die Nachfrage ändern, Preis senken)!**

2.2. Und was ist nun Marketing?

Unter Marketing versteht man eine Unternehmensphilosophie, die das Führen eines Unternehmens vom Absatzmarkt her zum Gegenstand hat. Das heißt, ein Unternehmen soll nach den Wünschen der Nachfrager geführt werden. Dabei sollen für das Unternehmen Gewinn und für die Nachfrager ein optimaler Nutzen erzielt werden.[1] Dahinter steckt u. a. die Philosophie: Marketingideen sollten sich auf das gesamte Unternehmen beziehen und sind deshalb für alle im Unternehmen von Bedeutung!

Wenn wir das auf das Medium Radio übertragen müssen, sollten wir uns immer folgende Fragen stellen:

1. Hat unser Kunde Erfolg mit einer Kampagne bei meinem Radiosender?
2. Hat die Radiokampagne einen Preis, der die Radiobetreiber auch noch verdienen lässt?

Können wir beide Fragen mit JA beantworten, sind wir aus Marketingsicht auf dem richtigen Weg.

Für /*Meffert*/ ist Marketing die bewusst marktorientierte Führung des gesamten Unternehmens, die sich in Planung, Koordination und Kontrolle aller auf die aktuellen und potentiellen Märkte ausgerichteten Unternehmensaktivitäten niederschlägt.[2]

Am besten lässt sich Marketing kennzeichnen, wenn man seine Wesensmerkmale skizziert, die sind:

- Marketing dient der Bedürfnisbefriedigung aller Beteiligten und
- ist die bewusste Absatz- und Kundenorientierung aller Unternehmensbereiche.

---

[1] Quelle: Werbung in Theorie und Praxis 1.Auflage 1993, Seite 89 ff.

[2] Quelle: Weis, Hans Christian „Marketing“, 8. überarbeitete und erweiterte Auflage, Seite 18.

- Zudem ist Marketing die zielorientierte, rational vorgeplante Ausrichtung sämtlicher Aktivitäten auf den Markt hin.
- Marketing erfasst Produkte, Dienste und Ideen.
- Ebenso ist Marketing die Anpassung der Organisation des Unternehmens an die Ziele der Aktivitäten.
- Marketing ist auch die kreativ systematische Marktsuche und Markterschließung, die den systematischen Einsatz der Marketingforschungsinstrumente bedingt.
- Marketing heißt „Denken in Systemen" sowohl innerhalb des Marketingbereiches als auch im System des Unternehmens und
- Marketing wird gekennzeichnet durch die Anwendung des Prinzips der differenzierten Marktbearbeitung, d. h. die analytische Aufteilung des Marktes und den selektiven Einsatz der einzelnen Aktivitäten.

Anmerkung:

Gerade den Satz „Denken in Systemen" sollten Sie immer wieder im eigenen Radiosender überprüfen. Das bedeutet für mich: Arbeiten

Redaktion und Verkauf wirklich miteinander? Tauscht man sich regelmäßig aus? Gerade im lokalen und regionalen Verkauf von Radiowerbung können sich Mediaberater und Redakteure hilfreiche Hinweise über Aktivitäten im Markt geben. Ob bei einer Geschäftseröffnung mit Pressekonferenz oder einer Marktneuheit von einem Unternehmen aus der Region: Beide Disziplinen schöpfen aus einer guten Zusammenarbeit. Dies sollten Sie nutzen!

2.3 Das Marketingkonzept

Das moderne Marketing untersucht die Wünsche und Bedürfnisse der Nachfrager vor dem betrieblichen Leistungsprozess. Das Marketing steht an erster Stelle und beeinflusst alle unternehmerischen Entscheidungen. Durch die Befriedigung von Bedürfnissen der Kunden werden Gewinne erwirtschaftet und man setzt dazu die Marktforschung und die marketingpolitischen Instrumente ein.[3]

Man kann demnach:

- Marktlücken suchen,
- neue Märkte schaffen.

Marketing (engl.) = „MACHEN VON MÄRKTEN" im weitesten Sinne

Diese Übersetzung verdeutlicht, dass Marketing eher agiert als reagiert, also nicht nur Antworten auf die Bedürfnisse des Kunden findet, sondern auch Bedürfnisse weckt!

---

[3] Quelle: „Werbung in Theorie und Praxis" herausgegeben von Karl Schneider unter Mitarbeit von Prof. Dieter Pflaum, 1. Auflage 1993.

2.4 Die Marketingstrategie

Als Marketingstrategie lässt sich eine bestimmte zeitlich festgelegte Verhaltensweise (systematisch und zielorientiert) auf dem Markt bezeichnen, mit dem ein Unternehmen kurz-, mittel- und langfristig erfolgreich ist.

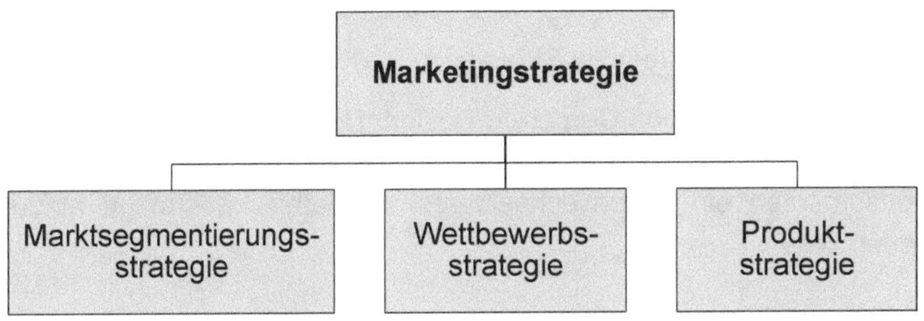

Corporate Identity (CI)

Die Corporate-Identity-Strategie ist die zentrale Kommunikationsstrategie, mit der ein ganz bestimmtes Unternehmensimage (Corporate Image) erreicht werden soll.

Mittel der Corporate-Identity-Strategie:

Corporate Design

Das Corporate Design ist das visuelle Erscheinungsbild eines Unternehmens. Durch die konsequente Verwendung derselben graphischen Elemente sollte eine schnelle Wiedererkennung der Firma bzw. der Produkte und Dienstleistungen erreicht werden, hier durch einheitliches Auftreten auf dem Markt (Logo, bestimmte Typographie, Slogan, Fahrzeugbeschriftung).

Corporate Communications

Als Corporate Communications bezeichnet man Werbe- und Verkaufsförderungsauftritte eines Unternehmens.

Corporate Culture

Corporate Culture ist die fixierte Firmenkultur (im Rahmen einer speziellen Führungsphilosophie, sprich als Verhaltenskodex eines Unternehmens), hier in Form eines Leitfadens, Manifestes oder Ähnlichem. (Beispiele: Duzt oder siezt man sich im Unternehmen, Kritik findet auf der Verhaltensebene und nicht auf der persönlichen Ebene statt, Pünktlichkeit bei firmeninternen Meetings etc.)

Ziele der Corporate Identity Strategie

Durch den Einsatz von Corporate Design, Corporate Communications und Corporate Culture soll es dem Unternehmen möglich sein, beim Konsumenten ein unverwechselbares sympathisches Image aufzubauen.

2.5 Marketinginstrumente im Überblick

I. Produktpolitik

Die Produktpolitik bezieht sich auf:

- Produktqualität (Produkteigenschaften),
- Markenbildung,
- äußere Gestaltung (Produktdesign),
- Festlegung des Produktprogramms,
- Sortimentsfestlegung sowie
- Entwicklung neuer Produkte.

Es gilt, Bedürfnisse am Markt bzw. Probleme der Kunden aufzuspüren und Problemlösungen dafür anzubieten!

Ziele der Produktpolitik:

- Wachstumsziele (Umsatz-, Gewinn- und Kapitalwachstum)
- Gewinnziele (Erreichung eines geplanten Deckungsbeitrages sowie der Kapitalrentabilität)
- Steigerung des Good-wills (Marktführerschaft, Aufbau von Produkt- und Markenimages)
- Verbesserung der Wettbewerbssituation (Steigerung des Marktanteils, Qualitätsführerschaft)

Maßnahmen:

- Produktinnovation

  (Entwicklung und Einführung neuer Produkte)
- Produktvariation

  (Veränderung bereits im Markt eingeführter Produkte)
- Diversifikation

  (Aufnahme von Produkten in das Produktionsprogramm, die für das Unternehmen grundsätzlich neu sind)
- Produkteliminierung

  (Ausschaltung von Produkten, die Herstellung unrentabler und veralteter Produkte wird eingestellt.)

II. Preispolitik (auch Kontrahierungspolitik genannt)

- Als Preispolitik bezeichnet man u. a. die Entgeltpolitik

  (Berechnung der Preise, Prämienpreispolitik sowie Promotionpreispolitik).
- Die Preispolitik stützt sich auf die erstmalige preisliche Festsetzung eines Produktes oder einer Dienstleistung sowie
- deren Abänderung (Differenzierung).

Ebenso zählen zur Preispolitik

- das Gewähren von Rabatten und Skonti (Nachlässen),
- die Vereinbarung von Zahlungsbedingungen (Art der Zahlungsweise, beispielsweise per Vorkasse, Barzahlung etc.),
- Kreditgewährung,
- Leasing,
- sowie die Aufschlagskalkulation.

III. Distributionspolitik

Die Distributionspolitik umspannt die Gestaltung von Vertriebswegen (Struktur der Absatzwege, Absatzmittler, sowie die Gestaltung des Außendienstes) und umfasst insbesondere:

- den Einsatz von Verkaufstechniken,
- die Betriebs- sowie Lieferbereitschaft,
- Treffen von Entscheidungen im logistischen System (Transportmittel/Lagerhaltung) sowie
- die Standortwahl des Unternehmens.

Außerdem sollten unter der Distributionspolitik die Instrumente Handelspolitik, Absatzwegepolitik, Standortpolitik, Niederlassungspolitik, Fertiglagerpolitik sowie die Auslieferungspolitik erwähnt, jedoch nicht näher beschrieben werden. Ausführliche Erläuterungen hierzu finden Sie in entsprechender Fachliteratur im Literaturverzeichnis.

Die Funktion der Vertriebspolitik besteht in der Kontaktaufnahme zu den Partnern am Markt, um Austauschprozesse zu ermöglichen! Dies ist ein aktives Verhalten.

IV. Kommunikationspolitik

Folgende Instrumente umschließen die Kommunikationspolitik:

- Werbung ist die gezielt vermittelte Form der Nachrichtenübertragung durch das jeweilige Unternehmen. Es erfolgt eine Informationsvermittlung zwischen einem Unternehmen und seiner Käuferzielgruppe. Dabei wird versucht, ein Angebot (Vorteile und Nutzen eines Produktes) in das Bewusstsein der Zielgruppe zu transportieren.
- Unter Verkaufsförderung versteht man die unmittelbare Kommunikation zwischen Hersteller und Kunde (genannt: Sales-Promotion). Sie hat die Funktion, den Absatz direkt und kurzfristig zu fördern.
- Die Öffentlichkeitsarbeit ist das bewusste und geplante Aufbauen eines positiven Firmen-Images, hier u. a. mit Hilfe von PR-Arbeit. Die Aufgabe der Öffentlichkeitsarbeit besteht im Erforschen der öffentlichen Meinung sowie die Versorgung der Öffentlichkeit mit ausreichenden Informationen.
- Weiterhin bieten Sponsorings und Messen zusätzliche Möglichkeiten, die Leistungen publik zu machen. Hierbei erfolgt die Nennung als öffentlicher Förderer unter der Nutzung des Imagetransfers.

Kommunikationspolitik hat die Aufgabe, die entsprechenden Zielgruppen über das Angebot und die Ziele des Unternehmens zu informieren und zu aktivieren.

Es sei außerdem erwähnt, dass unter der Kommunikationspolitik ebenso die Instrumente Werbeträgerpolitik, Werbemittelpolitik sowie die Werbebotschaft zählen.

Marketinginstrumente im Überblick

MARKETING-MIX ist die vom Unternehmen festgelegte Auswahl, Gewichtung und Gestaltung der absatzpolitischen Instrumente, bezeichnend für die Kombination aller Marketinginstrumente.

3. Wissenswertes aus dem Themenbereich Hörfunk

3.1 Hörfunk als Werbemedium

In Deutschland ist Radio nach wie vor Tagesbegleiter Nummer eins und somit das meistgenutzte Medium. Hinsichtlich der Mediaspendings liegt es jedoch weit hinter den Medien TV und Tageszeitung und mittlerweile hat auch die Gattung Online das Rado überrundet. Durchschnittlich wurden in den vergangenen Jahren jeweils ca. zwei Millionen Hörfunkspots ausgestrahlt. Das sind immerhin rund 6.000 Werbespots pro Tag. Seltsam jedoch, dass dieses Medium, welches ca. 40 % unseres Zeitbudgets für die tägliche Mediennutzung einnimmt, einen doch eher geringen Marktanteil bei den Werbespendings erzielt.

Dabei sind die Zahlen und Fakten, die für das Medium sprechen, eindeutig. Täglich und selbstverständlich begegnen wir ihm, dem Radio. Radio begleitet uns durch den Alltag, mit dem Radio im Hintergrund fühlen wir uns nicht alleine. Sei es im Auto, in der Küche, bei der Arbeit. Radio begleitet uns, wenn wir wollen Tag für Tag. Im Jahr 2004 hat das Radio Advertising Bureau aus England in einer Studie die sog. Werbevermeider in den verschiedenen Medien gemessen. Eine Werbevermeidung tritt dann ein, wenn eine Werbebotschaft vom Mediennutzer gar nicht wahrgenommen wird. Das ist zum Beispiel beim Werbeblock im Fernsehen der Fall, der dann läuft, wenn wir gerade zum Kühlschrank gehen. Dabei wurde erkannt, dass der prozentuale Anteil der sog. Werbevermeider im Hörfunk gerade mal bei 16 % liegt - um einiges niedriger als beispielsweise TV mit 44 %, Direktmailings (52 %), Zeitschriften (61 %) und Zeitungen mit fast 70 %.

Warum wird Radio aber dann in der nationalen Mediaplanung nicht so genutzt wie TV?

Ich denke, es liegt ganz einfach daran: Bundesweite Kampagnen im Radio zu schalten ist für einen Mediaplaner mit sehr viel Aufwand verbunden. Im TV bucht er einfach einen Sender mit nationaler Abdeckung, bei dem Thema Hörfunk muss er sich hingegen mit diversen

Hörfunkkombis und Zielgruppen auseinandersetzen. Diese Vorgehensweise kostet viel Zeit und erfordert sehr viel Erfahrung.

Mediaagenturen erhöhen demnach ihren Umsatz und somit ihren Gewinn schneller und zeitsparender mit der Einbuchung von TV-Spots.
Um dies zu ändern und der Gattung in der Mediabranche und auf Kundenseite ein besseres Image zu geben, gibt es seit 2005 in Berlin die Radiozentrale (http://www.radiozentrale.de). Sie hat es sich zur Aufgabe gemacht, das Image der Gattung Radio zu verbessern und steht diesbezüglich nicht nur Mediaplanern als Ansprechpartner zur Seite.

Der 2010 erstmals verliehene Deutsche Radiopreis soll dem Medium mehr Aufmerksamkeit und Selbstbewusstsein geben. Mehr Infos dazu gibt es auf www.deutscher-radiopreis.de.

3.2 Werbung als Einkommensquelle

Nach wie vor ist die Ausstrahlung von Hörfunkspots – und somit Werbung - die primäre und wichtigste Einkommensquelle privater Rundfunkunternehmen. In Zeiten knapper Budgets wird die Wirksamkeit einzelner Werbemedien oftmals in Frage gestellt. Radiosender müssen daher besonders deutlich die Vorteile und Unterschiede der Radiowerbung gegenüber anderen Medien benennen können. Beispielsweise hat Radio im Vergleich zum Medium Print etwas Flüchtiges und ist nicht haptisch erfahrbar. Das macht den Verkauf von Werbezeiten erst einmal nicht leichter, ist zugleich aber die interessante und anspruchsvolle Herausforderung an jeden Mediaberater, der erfolgreich sein möchte. Die unschlagbaren Stärken des Hörfunks finden Sie im Kapitel 3.3.

Monatliche Werbetrends und auch die Entwicklung über die Quartale, Halbjahre und Jahre finden Sie in übersichtlicher Darstellung bei den Partnern ARD-Werbung und RADIO MARKETING SERVICE.

Die nachfolgenden Darstellungen zeigen einen sehr guten Überblick über die Marktanteile der ARD- und der Privatsender.

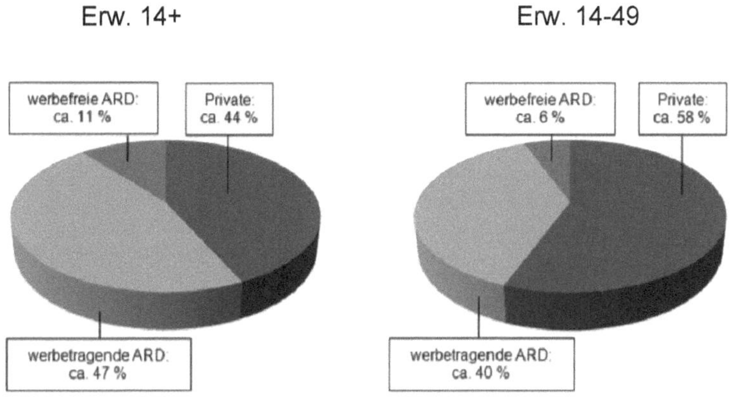

Deutlich erkennbar: Die Marktanteile der Privaten und der werbetragenden ARD-Sender sind bei der Zielgruppe ‚Erwachsene ab 14 Jahren' in etwa gleich verteilt. Betrachtet man die jüngere Zielgruppe (14–49 Jahre), so haben die Privaten mit fast 60 % eine größere Marktmacht.

3.3 Die Stärken des Hörfunks

- ca. 80 % aller Deutschen werden jeden Tag über Radio erreicht.
- Radio erreicht unterschiedliche Zielgruppen den ganzen Tag in verschiedenen Lebenssituationen.
- Im Bundesdurchschnitt werden täglich ca. 200 Minuten Radio gehört.
- 59 % aller Bundesbürger setzen Vertrauen in das Medium Radio, nur 33 % in TV.
- Musik ist der Haupteinschaltfaktor für die Radionutzung.
- 51 Mio. Menschen hören täglich Radio, bis zu 20 Mio. morgens.
- Radio bewegt Menschen dazu, Produkte und Dienstleistungen zu kaufen.
- Radio verankert Marken im Bewusstsein.
- Radio ist schnell.
- Der Durchschnittshörer zappt kaum, er hört durchschnittlich 1,6 Sender pro Tag, und dies über eine Dauer von ca. 3 Stunden.
- In einer Forsa-Studie der zurückliegenden Jahre wurde ermittelt, dass die Deutschen dem Medium Radio mehr vertrauen als dem Bundespräsidenten, der Presse und der Kirche.
- Kein Medium ist emotionaler und persönlicher als Radio.
- Zusätzlich ist Radio kosteneffizient in der Medialeistung sowie in der Produktion.
- Radio kann zudem Aufmerksamkeit, Interesse und Wünsche erzeugen.

Die Stärken des Radios, entnommen aus einer wunderbaren Präsentation mit Downloadmöglichkeit auf www.radiozentrale.de.

Die angegebenen Zahlen sind Durchschnittswerte und beziehen sich auf die Studien der letzten fünf Jahre.

Wie sagte bereits Thomas Koch (CEO von TKM Starkom) auf einer Radio-Day-Veranstaltung in Köln:

„Radio ist nicht irgendein Ergänzungsmedium, sondern ein Wirkungsmedium! Ein sehr kraftvolles Wirkungsmedium zudem!“

3.4 Nationale Hörfunkvermarktung in Deutschland

Der Gesamtwerbemarkt in Deutschland setzt sich aus dem lokalen, regionalen sowie dem nationalen Werbemarkt zusammen.

Zurzeit gibt es in Deutschland drei nationale Hörfunkvermarkter und diverse regionale sowie lokale Vermarktungsgesellschaften. Jeder Vermarkter tritt mit verschiedenen Kombiangeboten im Markt auf.

Aktuelle Informationen zu den Strukturen sowie Angeboten der nationalen Hörfunkvermarkter finden Sie im Internet unter dem jeweils beigefügten Link.

- **ARD-Werbung SALES & SERVICES GmbH, Frankfurt**

  Beispiele Kombi-Angebote: AS&S West Kombi, AS&S Kombi 40+, AS&S Kombi Young & Online **(http://www.ard-werbung.de)**

- **RMS Radio Marketing Service GmbH & Co. KG, München**

  Beispiele Kombi-Angebote: RMS Super Kombi, RMS West Kombi, RMS Ost Kombi **(http://www.rms.de)**

- **Studio Gong München GmbH & Co. Studiobetriebs KG**

  Beispiele Kombi-Angebote: Top-City-Funkpaket, Sachsen-Hit-Kombi, Bayern Funkpaket **(http://www.studio-gong.de)**

WERBEKOMBI: Als sog. „Kombi“ bezeichnet man eine Kombination von mehreren Sendern, die eine gemeinsame Vermarktung von Werbezeiten anbieten. Über eine Kombi gebuchte Hörfunkwerbung wird sodann bei allen in der Kombi enthaltenen Radiosendern gleich belegt. Oftmals bietet eine Kombi-Buchung dem Kunden Ersparnisse gegenüber Einzelbuchungen aller Sender, zudem profitiert der Mediaplaner von der Zeitersparnis.

Nationale Hörfunkvermarktung in Deutschland

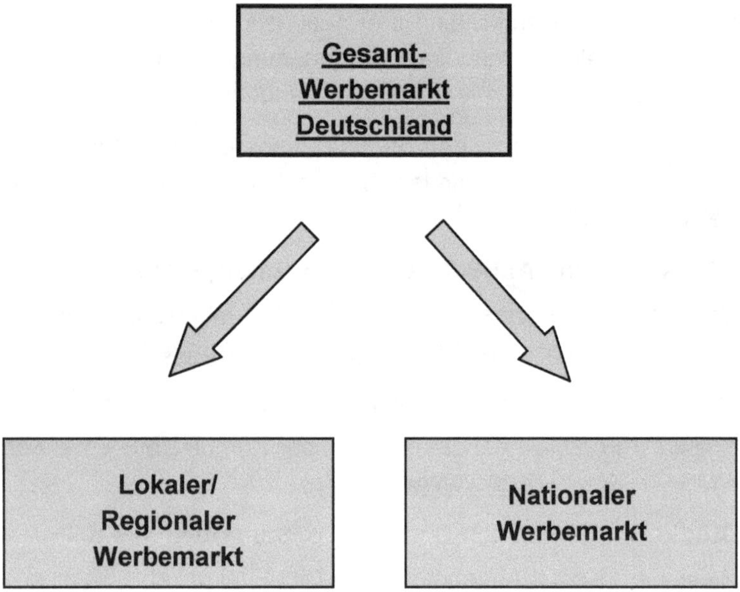

Gesamt-Werbemarkt Deutschland

Lokaler/ Regionaler Werbemarkt

Nationaler Werbemarkt

- **67 öffentlich-rechtliche Programme werden mit ca. 2,5 Mrd. Euro Gebühren und ca. 200 Mio. Euro Werbeerlösen produziert.**
- **269 private Programme kommen auf rund 450 Mio. Euro Netto-Werbeerlöse (Angabe 2003).**

3.5 Begrifflichkeiten und Definitionen aus der Radiosprache

Abfahren

Fertig produzierte Film- und Tonbeiträge in TV oder Radio werden „abgefahren", d. h. Starten bzw. Beginnen des Abspielvorganges. Im TV kommt das Kommando dazu wie folgt: „MAZ ab". Es werden auch komplett vorproduzierte Sendungen aus der Konserve abgefahren.

Abmischen

Werden verschiedene Tonquellen gleichzeitig genutzt, so dürfen diese nicht unterschiedlich lautstark sein. Um Überdeckungen zu vermeiden werden die Tonquellen abgemischt. Somit muss manches lauter bzw. leiser als die Originalaufnahme angesteuert werden.

Abmoderation

(Abk. = Abmod.) Das Ende eines Beitrages kann abmoderiert werden. Der Moderator sagt sodann einige abschließende Worte zum vorangegangenen Beitrag und leitet zum Folgenden über. → Anmoderation

Abnahme

Nach Fertigstellung eines Beitrags wird dieser vor Ausstrahlung vom verantwortlichen Redakteur auf seine Sendefähigkeit hin begutachtet und erst dann zur Sendung freigegeben. Diese Freigabe bezeichnet man im Rundfunk- und TV-Bereich als Abnahme. Gibt es Änderungen im Beitrag, ist eine nochmalige Abnahme erforderlich. Inhaltliche und technische Abnahmen sollten aus Rationalitätsgründen möglichst immer gleichzeitig erfolgen.

Abschattung

Berge oder Hochhäuser sind beispielsweise Hindernisse, die den terrestrischen Rundfunkempfang verhindern oder beeinträchtigen. Der Empfänger liegt dann im sog. Funkschatten. Um einen ungestörten Empfang zu sichern, werden Füllsender, Kabelanlagen oder Satelliten eingesetzt.

ADR

Astra Digital Radio (ADR) bezeichnet die digitale Verbreitung von

Radioprogrammen über den Satelliten Astra (seit 1995). Um diese Programme empfangen zu können, ist ein spezieller Tuner notwendig.

AE-Provision

Vergütung, die Medien an Werbeagenturen für vermittelte Aufträge zahlen. AE steht für „Annoncen-Expedition“, eine früher gebräuchliche Bezeichnung für Agenturen, die als Anzeigenmittler dienen.

Air-check

Auf Kassette - heute auch auf CD - aufgenommene Sendungen oder Beiträge, die unter anderem bei Moderatorentrainings eingesetzt oder bei Bewerbungen im Hörfunkbereich gefordert werden. Arbeitsprobe. → Abnahme

Air tally

Leuchtsignal am Mischpult, welches anzeigt, was gerade auf Sendung bzw. „on air“ ist.

Anmoderation

(Abk. Anmod) Das Ansagen eines Beitrages. Der Moderator gibt Hinweise zum folgenden Beitrag. → Abmoderation.

Anstalt des öffentlichen Rechts

Die Rechtsform der Anstalt des öffentlichen Rechts wurde in der Nachkriegszeit für die bundesdeutschen Rundfunkanstalten gewählt. In idealer Weise entsprach sie den Vorstellungen der westlichen Alliierten von einem Rundfunk unter allgemeiner gesellschaftlicher Kontrolle, der frei von staatlichen Einflüssen und keiner gesellschaftlichen Gruppe ausgeliefert war. Somit ist dies seit dem Übergang der Besatzungssender 1948/49 in bundesdeutsche Hände die übliche Rechtsform für Rundfunksender. Diese Rechtsform besitzen alle ARD-Anstalten, das ZDF und die Landesmedienanstalten als Aufsichtsgremien der privatwirtschaftlichen Programmveranstalter. Die Rechtsform „Anstalt des öffentlichen Rechts“ ist Ursprung der Bezeichnung öffentlich-rechtlicher Rundfunk.

Antrailern

→ Trailer

ARI

Ein unhörbares Kennsignal, welches mit dem Programmsignal ausgestrahlt wird. Durch diese Senderkennung wird das Erkennen der Verkehrsnachrichten sowie bei UKW-Sendern die Identifikation des Senders in entsprechend ausgestatteten Autoradios ermöglicht. Es wird automatisch von CD-Wiedergabe auf Radiobetrieb umgeschaltet. Die Service-Wellen der ARD-Rundfunkanstalten strahlen die ARI-Kennung bereits seit dem 1. Juni 1974 regelmäßig aus, die meisten privaten Sender haben sich angeschlossen. Deutschland ist in „Zonen“ aufgeteilt, sodass der lokal gültige Sender vom Gerät besser ausgewählt werden kann.

Atmo

Abk. für „Ton-Atmosphäre“. Atmo → unterlegen. Umgebungs- und Umweltgeräusche werden als „Geräuschkulisse“ unter TV-/Radio-Beiträge gelegt, um diesen eine bestimmte Stimmung/Authentizität zu verleihen.

Audio-on-demand

(lat. Audio = das Hören betreffend, engl. on demand = auf Bestellung) Wie beim Pay-TV wählt der Zuhörer einzelne Programme aus dem Programmangebot aus und zahlt nur für die gewählten Beiträge. Derzeit sind alle bestehenden Radioprogramme Verteilerdienste.

Audiovision

(lat. = Hörsehen) Abk. = AV, audiovisuelle Medien sind gleichzeitig sicht- und hörbar, z. B. Film, Ton-Dia-Schau. Mit Hilfe von umfassender Digitalisierung und Verwendung von Computertechnik erhält man einen komplexen Baukasten aus Geräten, Speichern und Programmen zur Wiedergabe, Simulation und Verschmelzung von Bildern und Klängen. Diese können auch in einem Netz zusammengeschlossen werden.

Aufzeichnung

Gegenteil von live. Aufgenommene Ereignisse werden als Film / Aufnahme zu einem späteren Termin gesendet. Auch archivierte Aufnahmen bezeichnet man als Aufzeichnung.

Aufzeichnungspflicht
Bezeichnet die für Radio- und Fernsehsender bestehende Verpflichtung, alle ausgestrahlten Sendungen aufzuzeichnen. Die dabei einzuhaltende Aufbewahrungsfrist richtet sich nach dem jeweiligen geltenden Landesmediengesetz. Nach Ablauf dieser Frist dürfen Aufzeichnungen gelöscht werden. Die Aufzeichnungsfrist gewährleistet bei diesen flüchtigen Medien einen kurzfristigen Zugriff auf ausgesendetes Material. Printpublikationen werden in der Deutschen Bibliothek archiviert.

Außenpluralismus
Im Rundfunkstaatsvertrag von 1991/94 ist festgelegt, dass Außenpluralität dann vorliegt, wenn „mindestens drei in der Bundesrepublik Deutschland veranstaltete private Fernsehvollprogramme von verschiedenen Veranstaltern bundesweit verbreitet werden, die jeweils von mehr als der Hälfte der Teilnehmer empfangen werden können". Diese gesetzliche Vorschrift dient der Sicherstellung der Meinungsvielfalt im Rundfunk und schützt vor einer Monopolisierung der Berichterstattung. Die Veranstaltung von Rundfunkprogrammen muss sich gemäß Vorschrift aus verschiedenen Anbietern zusammensetzen; die Unterschiedlichkeit miteinander konkurrierender Programme muss ebenso Vielfältigkeit gewährleisten.

Ausstrahlen
Verbreiten eines Rundfunk-Programms. War dies anfänglich nur über terrestrischen Funk möglich, so kann heute auch über Satelliten-Funk und Kabel ausgestrahlt werden.

Autofahren-Rundfunkinformation
Abk. → ARI.

Balkon
Dem Radio-Interview vorangestellter Text der ähnlich einer → Anmoderation/Teasing dem Hörer als Einstimmung auf den folgenden Beitrag dienen soll.

Bannerschaltung
(Internet-) Bannerschaltung bezeichnet die Werbefläche in der Online-

Werbung und ist mittlerweile die klassische Werbeform im World Wide Web. Klickt der User diese Fläche an, kann er sich z. B. zusätzliche Informationen über das beworbene Produkt zugänglich machen oder wird über einen Link direkt auf die Homepage des Werbungtreibenden geleitet.

Bartering
(engl. to barter = Tauschhandel betreiben) Eine moderne Variante des Naturaltausches (Kompensationsgeschäft/Teilkompensation). Eine Geschäftsform, die bereits in den Dreißigerjahren in den USA im Rundfunkbereich praktiziert wurde. „Barter-Business" bezeichnet den Austausch von Programmzeiten im Fernsehen oder Hörfunk gegen Werbezeiten: Ein von dem Werbungtreibenden produziertes und fertig geliefertes Programm, in dessen Verlauf dieser gratis werben kann. Dem Werbungtreibenden wird somit eine wunschgemäße Platzierung in einem gleichzeitig optimalen Programmumfeld möglich.

Begrenzer
Durch eine elektronische Schaltung wird vor einer Übersteuerung geschützt, ein elektrisches Signal auf einen festgelegten Maximalwert begrenzt.

Beitrag
Teile (redaktionelle Stücke) einer Fernseh- oder Radiosendung zu unterschiedlichen Themen. Bei Printmedien werden Beiträge als Artikel bezeichnet.

Bestandsgarantie
Gemäß der Rechtsprechung des Bundesverfassungsgerichtes ist der öffentlich-rechtliche Rundfunk in seinem derzeitigen Bestand und auch in seiner zukünftigen Weiterentwicklung abgesichert. So ist gewährleistet, dass er der → Grundversorgung der Bevölkerung mit Informationen auch in Zukunft nachkommen kann. Auf der Bestandsgarantie basiert die gesetzliche Grundlage für die Rundfunkgebühr, welche wiederum einen Konkurs der öffentlich-rechtlichen Rundfunkanstalten verhindert. In der Präambel des Staatsvertrages vom 1./3. April 1987 und im neuen Rundfunkstaatsvertrag von 1991 ist die Bestandsgarantie gesetzlich fixiert.

BFBS

Abk. für British Forces Broadcasting Service. Radio- und TV-Sender der britischen Streitkräfte in ihren Stationierungsgebieten.

Blubbern

Bezeichnet das bei Mikrofonaufnahmen durch mechanische Erschütterung oder Luftzug entstehende charakteristisch „blubbernde" Geräusch.

Bobby

Spulenkern. Runder Metallträger, auf den das Tonband oder Film-Magnetband aufgewickelt wird. Jeder Beitrag, der seinen eigenen Bobby hat, wird separat gestartet. Im Zuge der Nutzung des digitalen Schnitts ist der Gebrauch von Tonbandgeräten und Bobbys so gut wie verschwunden.

Bodenwelle

Die Bodenwelle ist eine der Erdkrümmung folgende Funkwelle, die über den Erdboden läuft und in ihrem Verlauf von der Erde langsam absorbiert wird. Abhängig von Frequenz und Sendeleistung ist eine Überbrückung von bis zu einigen hundert Kilometern möglich. Die Stärke der Bodenwelle nimmt mit dem Quadrat der Entfernung ab.

Booster

Allgemeine Bezeichnung für einen Verstärker. Im akustischen Bereich bezeichnet man damit insbesondere die Verstärker für den Tiefentonbereich zwischen 15 und 60 Hz.

Braune Ware

Haushaltselektronik aus dem Unterhaltungsbereich, wie z. B. Fernseher, Rundfunkgeräte und Videorecorder. Im Unterschied zu der sogenannten „weißen Ware", mit der in weißer Farbe hergestellte Haushaltsgeräte bezeichnet wurden (z. B. Geschirrspüler, Waschmaschinen u. ä.), fertigte man elektronische Geräte des Unterhaltungssegments früher aus Holz, welches den Geräten seinen Namen verlieh. Da braune Ware mittlerweile vorrangig in schwarzer Farbe hergestellt wird, findet man häufig auch die Bezeichnung „Schwarze Ware".

Breitbandnetz
Andere Bezeichnung für das Kabelfernsehnetz, in dem Hörfunk und Fernsehen gleichermaßen verbreitet werden. Durch eine größere Bandbreite können deutlich größere Datenmengen schneller als im üblichen Telefonnetz verbreitet werden.

Call-in
(Engl. = hineinrufen) Sendung im Radio oder TV, bei der Hörer anrufen und live ihre Meinung zu einem bestimmten Thema sagen können. Oft werden diese Sendungen nachts ausgestrahlt, z. B. die TV Talkshow „Arabella Night“ auf Pro7 oder „Domian“ im WDR Rundfunk.

Cart
(Abk. von engl. Cartridge = Patrone) Kurzwort für Cart-Maschine. Ein Multi-Kassetten-Automat, mit dem man gleichzeitig auf eine Vielzahl von Kassetten mit → Jingles etc. zugreifen kann.

CB
(Abk. von engl. citizen band = Bürger-Band) Jedermann-Funk, d. h. Funkkanäle, die für alle zugänglich sind.

Chorus
Gerät, mit dem Klangvolumen verbreitet und räumliche Akustik hergestellt werden kann.

Commercial
Englische Bezeichnung für Werbesendung. Abgrenzend hierzu bezeichnet „Infomercial“ die Kombination von Werbung und Produktinformation.

Crosstalk
(engl. = Kreuz-Sprechen) Ein Moderator überspricht den Text oder die Musik eines Beitrages (Nebensprechen, Einstreuung).

Cutter
Der Cutter (deutsche Berufsbezeichnung „Schnittmeister“, weniger verwendet) gestaltet in Abstimmung mit dem Redakteur das rohe Bild- und Tonmaterial im Hinblick auf dramaturgische und inhaltliche Aspekte und verleiht der Produktion ihre endgültige Form.

DAB

Mit Digital Audio Broadcasting (DAB) wird die digitale terrestrische Ausstrahlung von Hörfunkprogrammen mit hoher Klangqualität und Störfestigkeit benannt. Daten und Bilder können zeitgleich übertragen werden. Um DAB zu empfangen, benötigt man ein entsprechendes Endgerät.

DAT

Digital Audio Tape (DAT) bezeichnet eine digitale Mini-Tonband-Kassette.

Decoder

Elektronisches Zusatzgerät, mit dem verschlüsselte Bild- und Tondaten entschlüsselt und verarbeitet werden, sodass der Empfänger sie am Radio- und Fernsehgeräte unverzerrt sehen bzw. hören kann. Entschlüsselt der Decoder Signale für den Empfang von Videotext und Pay-TV, so benötigt man zum Empfang von codiertem Hörfunk einen Stereo-Decoder.

Deutsches Rundfunkarchiv

Abk. = DRA. Archiviert und dokumentiert zeithistorisch relevante Ton-, Bild- und Schriftdokumente. Das DRA wurde 1952 als Lautarchiv des Rundfunks von den ARD-Anstalten in Frankfurt/Main gegründet und ist eine Stiftung bürgerlichen Rechts sowie eine gemeinschaftliche Einrichtung der ARD mit Standorten in Frankfurt/Main und seit 1994 auch in Berlin-Adlershof. Als Sammlung von Datenbanken steht das DRA für rundfunkinterne Zwecke zur Verfügung. Auch Wissenschaftlern und der mit Kultur, Bildung und Unterricht befassten Öffentlichkeit bietet es Zugriff auf die dort archivierten Daten.

Deutschlandfunk

Abk. = DLF. Öffentlich-rechtlicher Rundfunksender, der mit den beiden Berliner Radiosendern RIAS und Deutschlandsender Kultur zum → DeutschlandRadio zusammengeschlossen wurde.

DeutschlandRadio

Öffentlich-rechtlicher Rundfunksender als Radio aller Bundesländer, welcher durch die Zusammenlegung der beiden Berliner Radiosender

RIAS und Deutschlandsender Kultur mit dem Kölner Deutschlandfunk entstand.

DIAS
Abk. für Drahtfunk im Amerikanischen Sektor und Vorläufer des RIAS.

Digital Audio Broadcast
Abk. = DAB (umgangssprachlich Digital-Radio). Digital gesendete Radioprogramme in CD-Qualität, deren Empfang nur mit speziellen Endgeräten möglich ist. Neben Hörinformationen können auch Daten oder Bilder empfangen werden. Zukünftig soll DAB den bislang genutzten FM-UKW-Hörfunk ersetzen. U. a. beschäftigt sich das Forschungsprojekt Eureka EU 147 mit DAB. Zur Berliner Funkausstellung 1995 startete DAB in Deutschland, bis Ende des Jahres 2002 sollte eine 80-prozentige Gebietsabdeckung erreicht sein.

Digital Audio Tape
Abk. = DAT. Digitales Tonkassettenformat mit Magnetband-Schrägspuraufzeichnung. Die Kassette besitzt ein kleineres Format als die handelsüblichen Audio-Kassetten und ist von außen geschlossen, ähnlich einer Videokassette. DAT wurde 1987 auf den Markt gebracht und stellte eines der ersten digitalen Aufzeichnungssysteme dar. Das Datenformat ist dabei nicht datenreduziert, sondern linear und CD-kompatibel. Die Standard-Abtastrate wurde mit 48 kHz definiert. Für Digitalsignale mit anderen Raten kann sie aber ebenfalls verwendet werden. Besonders in der Studiotechnik hat DAT einen festen Platz eingenommen. Im EDV-Bereich wird die DAT-Technologie bei Daten-Streamern, z. B. zur Datensicherung, verwendet.

Direktpreis
Auch → Ortspreis genannt. Preis für die Belegung eines Werbemediums, gilt für Kunden aus Handel und Gewerbe im Verbreitungsgebiet eines Mediums. Für Kunden außerhalb des Verbreitungsgebietes und für Agenturen gilt der → Grundpreis.

Dolby
Verfahren zur → Rauschunterdrückung. Erfinder dieses Systems war

Ray M. Dolby. Bei der Aufnahme werden Signale, die über einer bestimmten Frequenz liegen, verstärkt. So unterscheiden sie sich deutlicher vom Bandrauschen. Gemeinsam mit dem Bandrauschen werden diese verstärkten Signale bei der Wiedergabe wieder herunter geregelt, d. h. die verstärkten Signale steigen auf ihren ursprünglichen Pegel an, jedoch werden die Signale des Bandrauschens gedrosselt. Bereits im Aufnahmesignal enthaltenes Rauschen kann durch das Dolby-Verfahren nicht ausgeschaltet werden.

Dolby-Surround
Mit Hilfe von vier Lautsprechern (links, Mitte, rechts, Surround) wird z. B. bei Kino- und Videofilmen ein räumlicher (3-dimensionaler) und damit realitätsnaher Toneindruck für den Zuhörer vermittelt (Quadrophonie), womit dieser direkt in das Filmgeschehen hineinversetzt werden soll. Dolby-Surround ist kompatibel zur Stereotechnik. Herkömmliche Geräte geben den Ton ebenfalls - jedoch akustisch flacher - wieder. → Virtual Dolby Surround

Drei-Kopf-Gerät
Ein spezielles Tonbandgerät mit getrennten Lösch-, Aufnahme- und Wiedergabeköpfen. Diese Technik ermöglicht die Hinterbandkontrolle.

Duales Rundfunksystem
In Deutschland bestehen öffentlich-rechtlicher und privatwirtschaftlich organisierter Rundfunk nebeneinander. Der Rundfunkstaatsvertrag fixiert die Rahmenbedingungen, Finanzierungsformen und Aufgabenzuweisungen für beide Systeme. Die entscheidenden Unterschiede liegen in der Gebührenfinanzierung (Rundfunkgebühren), Werbebeschränkung, Binnenpluralität und im Grundversorgungsauftrag für den öffentlich-rechtlichen Rundfunk. Dem gegenüber stehen beim privaten Rundfunk die Werbefinanzierung, Außenpluralität und geringere Programmanforderungen. 1986 wurde das duale Rundfunksystem mit dem sog. „vierten Fernsehurteil" gesetzlich verankert. Inhaltlich ging es in diesem Urteil um die Zuordnung unterschiedlicher Funktionen des öffentlich-rechtlichen sowie des privaten Rundfunks. Das duale Rundfunksystem begann mit dem Ludwigshafener Kabelpilotprojekt 1984.

Dudelfunk
Radio fungiert immer mehr als Begleitmedium, der Anteil der Wortbeiträge wird, gemessen an der gesamten Sendezeit, weniger und es wird mehr Musik gesendet. Die Musik „dudelt" im Hintergrund vor sich hin und wird vom Hörer kaum noch aufmerksam wahrgenommen.

Dynamik
In dB (Dezibel) angegebene Spannweite von der leisesten zur lautesten Stelle eines Schallereignisses.

Einschaltquote
Ugs. auch Quote genannt, dient als häufigstes Messinstrument der Zuschauerforschung. Bezug nehmend auf die gesamte Anzahl der Fernsehhaushalte (Stand 1.1.2009: 35,3 Millionen), gibt die Einschaltquote den Prozentsatz der Haushalte an, die eine bestimmte Sendung eingeschaltet hatte. Da die Anzahl der pro Haushalt zuschauenden Personen differiert, gibt sie keine Auskunft über die tatsächlich zuschauende Personenzahl. In Deutschland wird die Einschaltquote von der Gesellschaft für Konsumforschung (→ GfK) im Auftrag der Arbeitsgemeinschaft Fernsehforschung (AGF) ermittelt. Synonym für Haushaltsreichweite. Häufig dient die Einschaltquote als Oberbegriff für alle Zahlen zur Sehbeteiligung. In der → Prime-Time ist die Einschaltquote meistens am höchsten.

fahren
Abspielen, aussteuern der Lautstärke usw. von Musiktiteln und Moderationsbeiträgen in vorher festgelegter Reihenfolge durch den Moderator, der die Sendung fährt. → Selbstfahrerstudio

Forecasting
„Voraussage"/"Prognose"

Frequenzmodulation
Abk. = FM. Gezielte Veränderung der Parameter physikalischer Größen. Von analoger Modulation spricht man, wenn die physikalische Größe analog ist, also in gewissen Grenzen unendlich viele Werte annehmen kann. Die moderne Telekommunikationstechnik basiert fast ausschließlich auf der Modulation elektromagnetischer Wellen

zum Zwecke der Informationsübertragung. Elektromagnetische Wellen besitzen drei Parameter, die einzeln verändert werden können: Amplitude, Frequenz (bzw. Wellenlänge) und Phasenlage. Man differenziert nach der Art des Informationsparameters: Amplituden- (AM), Frequenz- (FM) und Phasenmodulation (PM) sowie deren Mischformen.

Füllsender

Ist in einer Region die Empfangsstärke der Sender aufgrund der → Abschattung nicht ausreichend, so nutzt man zusätzlich zu den → Grundnetzsendern Füllsender. Diese besitzen nur eine geringe Leistungsstärke und funktionieren wie eine Relaisstation, d. h. sie empfangen von einem anderen Sender die Signale, verstärken diese, wandeln sie in eine andere Frequenz um und senden diese letztlich wieder aus.

Gemeinschaftssendungen, -einrichtungen, -aufgaben

Abk. = GSAE. Dieser Sammelbegriff umfasst die von den Rundfunkanstalten der ARD organisatorisch gemeinsam ausgeführten Aktivitäten, wie die Sendung „Tagesschau“, das Netz der Auslandskorrespondenten und das → Deutsche Rundfunkarchiv.

Geräuschband

1.) Tonträger, auf dem Geräusche aufgenommen sind, z. B. unterschiedliche Windgeräusche, schnaubende oder wiehernde Pferde. Sie werden in einer Geräuschkartei gelistet und liegen im Geräuscharchiv.
2.) In der Filmbearbeitung wird zu ausgewählten Bildsituationen ein Tonband aus Originaltönen (→ O-Ton) und anderen Tonquellen angelegt.
3.) Zuspielschleife für die Mischung.

GEZ

Abk. für Gebühreneinzugszentrale der öffentlich-rechtlichen Rundfunkanstalten der Bundesrepublik Deutschland. Die öffentlich-rechtlichen Rundfunk- und Fernsehanstalten in Deutschland werden durch Rundfunkgebühren, die jeder Besitzer eines Radio- und Fernsehgerätes zu zahlen hat, finanziell getragen. Als Gemeinschaftseinrichtung von ARD und ZDF ist die GEZ seit 1976 tätig. Anlass der Gründung 1968 waren zwei Urteile des Bundesverfassungsgerichts, in denen festgestellt wurde, dass der bis dahin von der Post vorgenommene Gebühreneinzug Ländersache sei. Die GEZ dient als gemeinsames Rechen- und Servicezentrum von ARD und ZDF und verwaltet den Teilnehmerbestand, kontrolliert den Gebühreneingang und die Weiterleitung der Gebühren entsprechend der staatsvertraglichen Regelungen an das ZDF und die Landesmedienanstalten.

GfK
Gesellschaft für Konsum-, Markt- und Absatzforschung mit Sitz in Nürnberg.

Grundnetzsender
Im terrestrischen Hörfunk- und Fernsehsendernetz wird der größte Teil der Versorgungsaufgabe von einem leistungsstarken Sender wahrgenommen. Darüber hinaus werden in hügeligen Gebieten weitere → Füllsender eingesetzt.

Grundpreis
Preis für die Belegung eines Werbemediums, gilt für Kunden aus Handel und Gewerbe außerhalb des Verbreitungsgebietes eines Mediums und für Agenturen. Für Kunden im Verbreitungsgebiet gilt der → Ortspreis.

Grundversorgung
Der Begriff der Grundversorgung wurde durch das „Niedersachsen-Urteil“ 1986 erstmals geprägt. Im 4. Rundfunkurteil (1. November 1986) verankerte das Gericht einen Anspruch der Bürger auf Information durch ein „umfassendes Programmangebot“, das „essentielle Funktionen (...) für die demokratische Ordnung ebenso wie für das kulturelle Leben der Bundesrepublik erfüllt“. Juristisch spricht man von der „unerlässlichen Grundversorgung“ (abweichend von der „Mindestversorgung“, 6. Rundfunkurteil). Es geht darum, an „die Breite des Programmangebots und die Sicherung gleich gewichtiger Vielfalt im privaten Rundfunk nicht gleich hohe Anforderungen zu stellen wie im öffentlich-rechtlichen Rundfunk“ (5. Rundfunkurteil). Die Grundversorgung ist die Basis für die Herausbildung des → dualen Rundfunksystems in der Bundesrepublik Deutschland.

GWA

Als Gesamtverband Werbeagenturen (GWA) wird der Zusammenschluss einer Vielzahl von Full-Service-Agenturen mit Marktgeltung in der Bundesrepublik bezeichnet.

Hall

Reflexion von Schall in einem Raum oder im Freien (Kurzwort für Nachhall). Hall kann tontechnisch erzeugt und einer Tonaufnahme nachträglich hinzugefügt werden. Akustisch entsteht der Eindruck eines größeren Raumes, oder er kann bei einer Musikaufnahme zur Verbesserung des Klanges dienen.

Hallplatte

Früher benutztes Gerät, um einen Nachhalleffekt für Tonspannungen entstehen zu lassen. Tonaufnahmen bekommen einen definierten Nachhall. Dieser Effekt wird heute durch die Nutzung einer elektronischen Schaltung erzielt.

Hallraum

Früher wurde zur Erzeugung von → Hall ein spezieller Raum mit einer durch die Wände hervorgerufenen, besonderen Nachhallzeit genutzt. Bei dem veralteten - heute durch eine elektronische Schaltung erzeugten - Verfahren wurde das mit → Hall zu versehende Tonsignal durch einen Lautsprecher abgestrahlt und mit einem Mikrofon wieder aufgenommen.

Harmonizer

Mit diesem Gerät lassen sich Tonhöhen verändern, z. B. zur Nachahmung einer Mickey-Maus-Stimme.

HD Radio

Abk. für High Definition Radio. HD Radio ist die amerikanische Bezeichnung für Digital Radio. In den USA setzt man nicht den technische Standard DAB, sondern „In-Band On-Channel" bzw. IBOC als digitale Hörfunktechnologie ein.

HDTV

Abk. für High Definition TV. Dieser weltweite digitale TV-Standard bürgt im Breitbandformat für superscharfe Konturen, satte Farben und enorme Tiefenstärke.

Head clog

(engl. clog = behindern, verstopfen) Verschmutzung des Ton- und Videokopfspaltes; Zuschmieren.

Hinterkleber

Dünne selbstklebende Folie, die nach dem mechanischen Schnitt hinter stumpf aneinander gelegte Bandenden geklebt wird.

Höhen

Bezeichnet den oberen Tonfrequenzbereich, ab drei bis etwa 20 Kilo-Hertz (kHz). Im Tonstudio nutzt man für die Einstellung der Höhen spezielle Regler, ebenso an den Radio-Empfangsgeräten.

HSCSD

Abk. für High Speed Circuit Switched Data, die Erweiterung des GSM-Mobilfunk-Standards für eine schnellere Datenübertragung.

IBOC

Abk. für In Band On Channel. Darunter versteht man die amerikanische Technologie zur Digitalisierung des Hörfunks.

IDR

Abk. für Initiative Digitaler Rundfunk. Die IDR wurde 1997 vom Bund und den Ländern als nationales Forum zur Begleitung des Digitalisierungsprozesses bei der Übertragung von Hörfunk und Fernsehen über Satellit, Breitbandkabel und terrestrische Sender ins Leben gerufen.

IMDR

Abk. für Initative Marketing Digital Radio. Die IMDR verfolgt das Ziel der Markteinführung und der Marktdurchdringung von → DAB. Sie versteht sich als Kommunikationsplattform und fungiert als Ansprechpartner und Vermittler zwischen Endverbrauchern, Radioveranstaltern, Handel und Industrie.

Indikativ

Festgelegte Erkennungsmelodie zum Beginn einer Sendung. Fast immer wird der Titel der Sendung über den Indikativ gesprochen. Auch Thema- oder Titelmusik genannt. → Jingle

Infomercial

„Als Informationssendung getarntes Werbevideo/-beitrag" inkl. Sponsorennennung in vorangegangener Abstimmung mit der Programmseite.

Infraschall

Schallgeschwindigkeit unterhalb 16 Hz. Diese tiefen Töne sind für das menschliche Ohr akustisch nicht wahrnehmbar, werden jedoch gefühlt und tragen daher zum Hörerlebnis (z. B. eines Musikstückes) bei.

Internationaler Ton

Abk. = IT. Geräusch- und Musikanteile einer Vertonung ohne zusätzlich gesprochenen Kommentar. Die IT-Fassung dient bei Live-Sendungen als Grundlage für andere Fernsehsender, die sodann mit einem Kommentar in der jeweiligen Landessprache versehen werden können.

IP

Abk. für Internet-Protocol-Adresse. Eine IP-Adresse ist ein Datum, das eine logistische Adressierung von Geräten in IP-Netzwerken, wie z. B. dem Internet, ermöglicht.

iPod

Der iPod ist ein tragbarer MP3-Player der Firma Apple, der 2001 eingeführt wurde und von dem mittlerweile unterschiedlichste Modelle angeboten werden.

ISDN

Abk. Für Integrated Services Digital Network. Darunter versteht man die internationale Standardisierung für ein digitales Telekommunikationsnetz.

IVW

Die „Informationsgemeinschaft zur Feststellung der Verbreitung von Werbeträgern e.V." (IVW) ist eine Gemeinschaftseinrichtung des Zentralausschusses der Werbewirtschaft (ZAW) und steht allen in der

Werbung tätigen Firmen und Personen zur Verfügung. Sinn und Zweck des IVW ist es, einheitliche Berichte der Verlage über die Verbreitung ihrer Werbeträger entgegenzunehmen, zu überprüfen und die ermittelten Ergebnisse zu veröffentlichen.

Jaulen
(Ugs.) Bezeichnet die ungleichmäßige Laufgeschwindigkeit eines Tonbandes, welches Tonhöhenschwankungen hervorruft und Stimmen verzerrt.

Jingle
Erkennungsmelodie einer Sendung/eines Senders oder einer Rubrik, z. B. Veranstaltungshinweise. Jingles finden ebenfalls Einsatz bei Eigenwerbung. → Indikativ

JPEG
Abk. für Joint Pictures Expert Group. Datenformat zur Übertragung von Bildern im Internet und in digitalen Datendiensten.

Kabelgroschen
Zur Finanzierung von Aufbau und Betrieb des Kabelnetzes für das Kabelfernsehen wird in Bayern eine Gebühr erhoben, vergleichbar mit dem Kohlepfennig.

Kalotten-Lautsprecher
Schallwandler mit halbkegelförmiger Membran. Er findet seinen Einsatz meist als Hoch- und Mitteltöner.

Kästchensystem
Im Tages- oder Wochenrhythmus regelmäßig zur gleichen Zeit ausgestrahlte Sendung mit festem Programmplatz, z. B. Kinderfunk oder die Übertragung von Konzerten.

Kehlkopfmikrofon
An der Außenseite des Kehlkopfs getragenes Mikrofon. Durch den direkten Körperkontakt werden die Sprachschwingungen übertragen. Die Übertragungseigenschaften sind relativ schlecht, jedoch bietet es große Unempfindlichkeit gegenüber Störschall von außen.

Klangblende
Andere Bezeichnung für → Klangregler.

Klangregler
In Tonbandgeräten und Rundfunkempfängern kann mit dieser Schaltung der Klangcharakter der Tonwiedergabe abgewandelt werden. Sowohl hohe als auch tiefe Töne lassen sich dadurch anheben oder senken. Klangregler bezeichnet man auch als Klangblende.

Klangteppich
Musik als Hintergrundgeräusch. Da das Medium Radio immer häufiger als Geräuschkulisse zu anderen Tätigkeiten dient, bezeichnet man (selten) auch das gesamte Radioprogramm als solchen. → Dudelfunk

Klirrfaktor
Messgröße für nicht lineare Verzerrungen des Tonsignals. Sie werden durch Ober- und Differenzschwingungen hervorgerufen. Neigt ein Gerät zu Verzerrungen, so produziert es künstliche, im Original nicht enthaltene Obertöne. Der Klang wird verfälscht. Je kleiner der Prozentwert des Klirrfaktors, umso besser und verzerrungsärmer ist der Klang.

Kommission zur Ermittlung des Finanzbedarfs der Rundfunkanstalten
Abk. = KEF. Die Kommission zur Ermittlung des Finanzbedarfs der Rundfunkanstalten (KEF) überprüft fortlaufend den Finanzbedarf des öffentlich-rechtlichen Rundfunks in Deutschland und empfiehlt den jeweiligen Landesparlamenten die Festsetzung von Rundfunkgebühren. Diese werden dann durch die GEZ eingezogen. Gesetzliche Grundlage der KEF ist der Rundfunkfinanzierungsstaatsvertrag, der sowohl die Höhe der Gebühren wie auch die Verteilung der Mittel regelt. Allerdings nimmt sie dabei keinen Einfluss auf die Gestaltung des Programms.

Kondensatormikrofon
Ein hochwertiges Studiomikrofon. Basis der Funktion ist ein elektrostatisches System.

Konus-Lautsprecher
Der Konus-Lautsprecher bzw. Schallwandler besitzt eine schüsselförmige Membran. Diese besteht aus Pappe, Papier oder Kunststoff. In der Regel wird diese Lautsprecherart als Tief- oder Mitteltöner eingesetzt.

Konvergenz
(lat. = Übereinstimmung, Zusammenstreben, Aufeinanderzugehen) Die Programme des öffentlich-rechtlichen und des privatwirtschaftlichen Rundfunks gleichen sich immer weiter an und werden dadurch nicht mehr unterscheidbar, behaupten Interessengruppen und Medienstrategen. Diese These lässt sich so nicht halten, da programmstrukturelle Vergleiche bei privatwirtschaftlichen Vollprogrammen einen erheblich höheren Unterhaltungs- und Fiktionsteil aufweisen. Es ist unbestreitbar, dass öffentlich-rechtliche und privatwirtschaftliche Programmveranstalter zu schätzungsweise mehr als 50 Prozent um identische Programmware (z. B. Spielfilme, Sportübertragungen) auf den internationalen Märkten konkurrieren. Allerdings sind Aufgabe, Aufbau, Gewichtung und Charakteristik der Programmangebote der beiden Rundfunksysteme derart unterschiedlich, dass die Konvergenz-Hypothese als widerlegt erscheint.

Korrelationsgradmesser
Die zum Zeitpunkt der Messung bestehenden Phasendifferenzen zwischen den beiden Stereokanälen werden mit diesem Gerät angezeigt.

Kurzwelle
Abk. = KW. Als Kurzwelle wird der Hörfunk-Frequenzbereich bezeichnet, der in Europa begrenzt ist auf Wellenlängen von 5,95 MHz bis 26,1 MHz. Sie breiten sich vorrangig als → Raumwellen aus. Da sie erst weit vom Sender entfernt wieder auf die Erde treffen, können sie gerichtet ausgestrahlt werden.

Langwelle
Abk. = LW. Als Langwelle wird der Frequenzbereich im Hörfunk zwischen 30 und 300 Kilohertz bezeichnet. Dies entspricht einer Wellenlänge zwischen 1.000 und 2.000 Meter. Langwellen breiten sich pri-

mär als → Bodenwellen aus und folgen dabei der Erdkrümmung. Sie erzielen somit große Reichweiten, da sie kaum von der Erde absorbiert werden. Leider ist die Übertragungsqualität jedoch nicht so gut.

Lautheit
Schallereignisse werden subjektiv bezüglich der Schallstärke beurteilt. Die Lautheit wird in → Sone gemessen.

Lautsprecherzeile
Man spricht von einer Lautsprecherzeile, wenn mehrere Lautsprechersysteme neben– oder übereinander in einem Gehäuse angeordnet sind.

L-Band
Frequenzbereich von 1.452 MHz bis 1.492 MGz, welcher in 9 Kanälen unterteilt ist (LA, LB, LC, LD, LE, LF, LG, LH, LI). Diese Kanäle werden für die regionalen Ensembles von Digital Radio verwendet.

LinerCard
Ein fest vorgegebener Moderationstext. Wird u. a. oft bei Sponsoren getragenen Gewinnspielen eingesetzt. Der Moderator muss sich an den vorgegebenen Text auf der Karte (LinerCard) halten.

Lippenmikrofon
Ein Mikrofon, das vor allem in sehr lauter Umgebung eingesetzt wird und sehr nah am Mund im Einsatz ist.

Live
Von einem Ereignis (z. B. Sport, TV-Show) direkt senden bzw. berichten, also nicht erst auf Band bzw. anderen Tonträger aufnehmen. Gegenteil von → Aufzeichnung.

Live-Reader
Der Moderator moderiert direkt die Hauptinhalte einer Werbebotschaft, vermittelt somit Programmnähe und suggeriert die Aktualität der Werbebotschaft; vorgegebener Moderationstext unter Vorgabe des Sendeplatzes.

Live-Take
Als Live-Take bezeichnet man die Übertragung einer Live-Moderation von einem Event.

Lokalprogramm
Von einem Lokalprogramm spricht man, wenn ein eigenständiges Rundfunkprogramm oder ein Programmfenster für ein begrenztes Gebiet wie beispielsweise einen Stadtteil, eine Stadt oder einen Landkreis produziert und gesendet wird. In einer Art Selbstverpflichtung hatte die ARD bis zum Beginn des → dualen Rundfunksystems auf die Ausstrahlung lokaler Programme verzichtet, weil befürchtet wurde, dass lokale Rundfunkwerbung die Lokalpresse in ihrer Existenzgrundlage bedrohen könnte.

Löschkopf
Der Löschkopf ist ein spezieller Magnetkopf bei Tonbandmaschinen und Videorekordern. Durch ein magnetisches Wechselfeld löscht er die auf dem MAZ-Band gespeicherten Informationen. Damit wird das Band für eine neue Aufzeichnung frei. Bei hochwertigen Geräten werden rotierende Löschköpfe verwendet, die auf der Videokopfscheibe angebracht sind. Während der Rotation wird das Videoband spur- und bildorientiert gelöscht.

Mehrspurverfahren
Auf mehrere parallele Spuren eines Tonbandes wird Ton aufgezeichnet. Dies kann gleichzeitig oder nacheinander erfolgen.

Mehrwegempfang
Es wird von Mehrwegempfang gesprochen, wenn durch Reflexionen an Gebäuden oder natürlichen Hindernissen das Signal auf mehreren Wegen von der Sendeantenne zum Empfänger gelangt.

Messton
Eine Tonspannung zum Prüfen und Einmessen von Anlagen im Tonstudio und zur Übertragung. Die Tonspannung ist in Frequenz und Pegel international auf 1.000 Hz festgelegt. Wird auch als Normalton bezeichnet.

Millimeter-Preis
Grundpreis zur Berechnung von Anzeigen (meist) bei Zeitungen. Der Gesamtpreis für eine Anzeige ergibt sich aus der Millimeter-Höhe • Anzahl der Spalten (in der Breite) • Millimeter-Preis.

Mistracking
Als Mistracking (engl. = falsche Spurlage) wird das fehlerhafte Spurhalten des Magnetknopfes eines Aufzeichnungs- oder Wiedergabegerätes bezeichnet.

Mixing
(engl. = mischen) 1.) Allgemeine Bezeichnung für Überblendung, Bild- oder Tonmischung. 2.) Bei Bildmischern steht Mix speziell für eine weiche Überblendung, im Unterschied zu Wipe. Es hat die gleiche Bedeutung wie dissolve.

MMS
Abk. für Multimedia Messaging Service. Dieser Service ist als Nachfolger von SMS (Short Message Service) anzusehen und bietet die Möglichkeit, mit einem Mobiltelefon multimediale Nachrichten zu anderen mobilen Endgeräten oder zu Email-Adressen zu versenden.

Moderatives Teasing
Als moderatives Teasing bezeichnet man einen grob vorgegebenen Moderationstext mit Keywords und Sponsorennennung unter Vorgabe des Sendeplatzes; auch als fest vorgegebener Moderationsbreak anhand einer → LinerCard möglich.

MPEG-4
MPEG-4 ein Standard, der unter anderem Verfahren zur Video- und Audiokompression beschreibt.

MP3-Player
Ein Gerät, das digital gespeicherte Audiodateien abspielt, die im MP3-Format vorliegen.

Musicam
Abk. für Masking Pattern Universal Sub-Band Intergrated Coding and Multiplexing/Motion Pictures Expert Group. Ein Verfahren zur Daten-

reduktion bei → DAB; Töne unterhalb der Ruhehörschwelle und der Mithörschwelle können ausgefiltert werden, ohne dass ein hörbarer Qualitätsverlust entsteht.

Musikfläche
Über einen längeren Zeitraum gespielte Musikstücke, die ähnlich klingen und daher als einheitliche Musik angesehen werden können.

Musikformat
Eine Musikauswahl, die auf eine bestimmte Zielgruppe abgestimmt ist. In fast allen Sendungen ist das Erscheinungsbild eines Radioprogramms einheitlich, geprägt durch wiedererkennbare Musikstile und dazugehörige Moderationen. Somit definiert ein spezielles Musikprofil das Programm, da jede Altersgruppe eine bestimmte Art von Musik bevorzugt. Mehr dazu im Kapitel 3 unter Punkt 3.8. „Hörfunk- und Musikformate in Deutschland".

NAB
Abk. für National Association of Broadcasters. Verband der Rundfunkveranstalter in den USA.

Nachhall
Häufiger wird das Kurzwort → Hall verwendet.

Nachtprogramm
Im Wechsel produzieren die ARD-Rundfunkanstalten ein gemeinsames Hörfunkprogramm für die Nachtstunden.

Nielsen S&P Daten (Nielsen Media Research)
Die S&P Daten werden von der Nielsen-Werbeforschung erhoben. Mittels Senderlisten der Sender und Mitschnitten der Programme/Werbeblöcke erhebt Nielsen, welche Produkte zu welcher Zeit an welcher Stelle (Platzierung) im Werbeblock pro Sender beworben wurden. Durch hinterlegte Preislisten können Bruttoumsatz-Zahlen einzelner Medien zugeordnet werden. S&P Daten werden täglich erhoben und in unterschiedlicher Detailliertheit - je nach Kundenwunsch - zur Verfügung gestellt.

Nierenmikrofon

Die Charakteristik der Empfindlichkeit dieses Mikrofons ähnelt der Form einer Niere. Dieses Mikrofon ist überwiegend auf einer Seite für auftreffenden Schall empfindlich.

Normalton

Eine andere Bezeichnung für den → Messton.

Notch filter

(engl. notch = Kerbe) Englische Bezeichnung für eine sogenannte Frequenzfalle, ein Sperrfilter für einen engen Frequenzbereich.

Offener Kanal

Steht als Synonym für den Bürgerfunk. Der Bürger kann somit in einem für jedermann frei zugänglichen Radio- oder TV-Kanal Beiträge selbst gestalten.

Opener

(engl. = Öffner) Erster Musiktitel einer Sendung bzw. einer neuen Sendestunde, mit dem diese beginnt. Nicht die Titelmusik.

Opinion Leader

Meinungsführer. Gilt als Bezeichnung für Personen oder Personengruppen, welche einen unmittelbaren oder mittelbaren Einfluss auf die Meinungen anderer Menschen haben.

Ortspreis

Auch → Direktpreis genannt. Preis für die Belegung eines Werbemediums, gilt für Kunden aus Handel und Gewerbe im Verbreitungsgebiet eines Mediums. Für Kunden außerhalb des Verbreitungsgebietes und für Agenturen gilt der → Grundpreis.

O-Ton

Abk. für Originalton. Mit Ausnahme der → Atmo der echte Ton, der bei den Aufnahmen am Originalschauplatz aufgezeichnet wurde. Wird häufig als Sammelbegriff für alle am Drehort aufgenommenen Tondokumente verwendet, also für Wort-Aufnahmen, Geräusche, Atmo und Musik. Im genauen Sprachgebrauch versteht man unter O-Ton nur Original-Wort-Aufnahmen (z. B. Statements und Redeausschnitte).

Das Entscheidende ist, dass O-Töne dokumentarischen oder illustrierenden Charakter haben; z. B. berichtet ein Reporter über einen Vortrag, bei wichtigen Passagen lässt er den Vortragenden selbst – im O-Ton – zu Wort kommen. Auch ältere bzw. historische Aufnahmen aus vorangegangenen Sendungen, die in aktuellen Produktionen Bestandteil einer Sendung werden, werden als O-Ton bezeichnet. → Geräuschband

Overspill
(engl. = Überschuss) Werden Radio- und Fernsehprogramme über das eigentliche Verbreitungsgebiet hinaus empfangen, spricht man von Overspill. Ein Overspill erhöht auch die Hörer bzw. Zuschauerzahlen und kann damit relevant für die Werbepreise sein.

Overtalk
(engl. = drüber sprechen) Bei Radiobeiträgen das Sprechen über Musik.

Panel
Ein repräsentativer Kreis von Personen, der immer wieder befragt wird, bzw. dessen Teilnehmer regelmäßig zu bestimmten Fragen berichten (Bsp.: Individualpanel, Haushaltspanel, Konsumentenpanel, Panel-Effekt, Stichprobe).

Panorama-Potentiometer
Mit diesem Instrument, welches sich im Ton-Mischpult befindet, können Mono-Tonsignale innerhalb einer Stereo-Aufnahme an jede beliebige Stelle örtlich eingefügt werden.

PDA
Abk. für „Personal Digital Assistent“. Ein kleiner tragbarer Computer, der meist mit einem schnell startenden Betriebssystem ausgestattet ist und neben vielen anderen Programmen hauptsächlich für Kalender,- Adress- und Aufgabenverwaltung benutzt wird.

Peak Hold
(engl. = Spitzen-Halten) Der Höchstwert wird für eine kurze Zeit gespeichert. Damit wird das genaue Ablesen von Spitzenwerten an den Anzeigeinstrumenten erleichtert. Damit Verzerrungen durch Über-

steuerung vermieden werden, ist eine präzise Spitzenwert-Ablesung besonders bei Aussteuerungs-Anzeigen erforderlich.

Pilottonverfahren
Ein elektroakustisches Verfahren zur Übertragung stereophoner Rundfunksignale auf derselben Trägerfrequenz. UKW-Sender strahlen einen 19-Kilo-Hertz-Pilotton aus, um das UKW-System stereotauglich zu machen. Das Signal wird vom Empfänger verwendet, um die verschachtelten Rechts-/Links-Informationen zu dekodieren. Der Pilotton muss vor dem Ausgang herausgefiltert werden, sonst können in nachfolgenden Geräten (Verstärker, Rekorder) Verzerrungen oder andere Störungen auftreten.

Playlist
(engl. = Spiel-Liste) Eine heute in der Regel von einem Computerprogramm zusammengestellte Liste von Musiktiteln, die während einer Sendung abgespielt werden. Die Playlist weist u. a. aus, wie lange ein Titel ausgespielt werden kann, bevor der erste Gesang einsetzt. Diese Zeit kann der Moderator z. B. für eine Moderation nutzen und über die Musik sprechen. Dies wird dann auch als sog. Ramp-Talk bezeichnet.

Podcasting
Podcasting bezeichnet das Produzieren und Veröffentlichen von Audiodateien, sowohl reine Wortbeiträge, als auch individuelle Musikzusammenstellung über das Internet in einem speziellen Format.

Podvertising
Die Einbindung von Werbung in Podcats wird als Podvertising bezeichnet.

Pop-up
Besondere Form der Bannerwerbung im Internet. Ein Werbefenster wird hierbei im eigenen Browserfenster eröffnet, das beim Seitenaufruf der Website über der Seite liegt und separat weggeklickt werden muss.

Präsenzfilter
Ein Filter, der bestimmte Frequenzbänder im Tonfrequenzbereich

anhebt. Wird zum Hervorheben bestimmter Schallquellen (z. B. einzelner Musikinstrumente, Stimmen etc.) verwendet.

Prime-Time
(engl. = vorrangige Zeit) Hauptsendezeit. Im Radio liegt die Prime-Time zwischen 6 Uhr und 9 Uhr. Beim Fernsehen zwischen 18 Uhr und 23 Uhr. In diesen Zeitfenstern werden die Empfangsgeräte am häufigsten eingeschaltet. Als Access-Time wird die Zeit vor der Prime-Time bezeichnet.

Privater Rundfunk
Der Gegensatz zum öffentlich-rechtlichen Rundfunk. Zweite Säule des → dualen Rundfunksystems in Deutschland seit den 80er-Jahren. Rechtsgrundlage sind die Landesmediengesetze. Eine Überwachung der privaten Sender, die sich hauptsächlich aus Werbung finanzieren, wird ebenso von den jeweiligen Landesmedienanstalten übernommen.

Programmauftrag
Der öffentlich-rechtliche Rundfunk hat eine bestimmte Programm-Angebotspalette zu gewährleisten, die dem Gemeinwohl verpflichtet ist. Unter dem juristisch geprägten, jedoch nicht konkretisierten Sammelbegriff interpretieren manche einen Volksbildungsauftrag bzw. Bildungsauftrag. Konkrete Vorgaben hierfür findet man in den Rundfunkgesetzen unter Begriffen wie Programm- und Sendegrundsätze und Gestaltung der Sendung; jedoch nicht zu verwechseln mit den → Programmgrundsätzen.

Programmaustausch
Innerhalb der ARD-Sendeanstalten sowie auch international tauschen Sender ihre Programme aus. Im internationalen Austausch erfolgt dies im Wesentlichen über UER und Eurovision. Im Hörfunk wird dies bereits seit den Zwanziger-Jahren, im Fernsehen seit den Fünfziger-Jahren praktiziert. Kostensenkung und Bereicherung des Programmangebotes sind der Hintergrund. Technisch geschieht die Übernahme der Programme vorwiegend über Leitungen oder Satelliten. Mehr als 20 Prozent des Hörfunk-Gesamtvolumens besteht aus dem ARD-internen Programmaustausch. Fast ein Viertel ist es bei den Dritten

Fernsehprogrammen. Drei bis fünf Prozent seiner gesamten Sendungen bezieht das Erste Deutsche Fernsehen jährlich aus dem Angebot der Eurovision.

Programmdirektor
Der Verantwortliche für den Ablauf der Sendungen im Programm.

Programmfarbe
Der Programminhalt, der an einer Zielgruppe orientiert ist (z. B. Info-Sender, Oldie-Sender, Stadt-Radio). → Musikformat

Programmgrundsätze
Die Landesrundfunkgesetze und die Satzungen der Rundfunkanstalten erhalten Richtlinien für die Programmgestaltung – nicht zu verwechseln mit dem → Programmauftrag. Sie basieren auf den „10 Geboten" der amerikanischen Besatzungsmacht von 1946.

Deren wichtigsten Punkte regeln noch heute den öffentlich-rechtlichen Rundfunk in Deutschland:

- die Verpflichtung auf die verfassungsmäßige Ordnung der Bundesrepublik.
- die Achtung der Menschenrechte.
- die Aufforderung, für Frieden, Freiheit und Völkerverständigung einzutreten.
- das Verbot, kriegsverherrlichende, pornographische und Jugend gefährdende Sendungen auszustrahlen.
- die Pflicht, das gesellschaftliche Meinungsspektrum möglichst umfassend und fair widerzuspiegeln.
- die Verpflichtung zu wahrheitsgetreuer und sachlicher Berichterstattung sowie zur sauberen Trennung von Nachrichten und Kommentaren.
- das Recht zur Kritik, einschließlich des Vetorechts der kritisierten Person oder Institution.

- die Pflicht, Regierungen Sendezeit für amtliche Verlautbarungen einzuräumen, ebenso wie den Kirchen, den Arbeitgebern, den Arbeitnehmern und – vor Wahlen – den politischen Parteien.

Programmplatz
Feste Uhrzeit einer Sendung oder eines Beitrags innerhalb eines Radio- oder Fernsehprogramms.

Promo
(Abk. für engl. promotion = Verkaufsförderung, Werbung) Eigen- bzw. Programmankündigung im Radio. Programmankündigungsspots gibt es häufig mitsamt Platzierung eines Sponsorenlogos; geschaltet außerhalb der Werbeblöcke, meistens von der Station-Voice (Stimme des Senders) gesprochen.

PTY
Abk. für Programm-Type (= Programmart/Programmfarbe). Dadurch kann die Programmfarbe von einem Radioprogramm in einem Ensemble mit übertragen werden.

Pufferuhr
Die Pufferuhr läuft wie bei einem Countdown vor Beginn der Sendung zehn Sekunden lang mit, damit der Beginn z. B. der Nachrichtensendung exakt zur vollen Stunde erfolgt.

Quadrophonie
Hierbei wird der Stereoton von zwei auf vier Ton-Kanäle erweitert. Zwei von vier Lautsprechern befinden sich im Rücken der Zuhörer.

Radio-Daten-System
Abk. = RDS. Nicht hörbare Informationen, die mit der Aussendung von UKW-Hörfunkprogrammen digital ausgestrahlt werden. Der RDS-Empfänger kann mit diesen Daten vorprogrammierte Befehle automatisch ausführen, u. a. die selbstständige Suche des Senders. Somit kann z. B. der Name eines Senders übertragen und auf dem Display eines Radios angezeigt werden. Einige Sender übertragen Titel und Interpreten des gerade gesendeten Musikstücks. Mittels Suchlauf können automatisch Sender eines bestimmten Genres ausgewählt

werden, wenn diese Sender ihren Programmtyp (Rock, Pop, Klassik etc.) als RDS-Information ausstrahlen.

Raumwelle
Die Raumwelle ist eine Funkwelle, die sich durch Reflexion an verschiedenen Schichten der Erdatmosphäre ausbreitet. Somit unterliegt sie dem Einfluss der Ionosphäre, an welcher sie absorbiert wird. Sie ist ebenfalls abhängig von der Sonnenaktivität. Diese strahlt sichtbare und unsichtbare Strahlen mit verschiedenen Wellenlängen ab. Verantwortlich für dieses Phänomen ist die Ultraviolettstrahlung, die die Luftmoleküle in kleinste Teilchen und Ionen aufspaltet. In ihren oberen Schichten wird die Atmosphäre zu einem elektrischen Leiter. Die sog. tote Zone liegt bei ca. 4.000 km. Nur durch Raumwellen können Funkwellen große Distanzen überbrücken. Kurzwellen- und UKW-Funk breiten sich als Raumwellen aus.

Rauschfilter
Durch diesen Filter wird störendes Rauschen unterdrückt, indem die hohen Frequenzen abgesenkt werden.

Rauschunterdrückung
Maßnahmen zur Unterdrückung des Rauschsignals. Möglichst unverändert soll dabei das Nutzensignal bleiben. Die dabei bekanntesten Verfahren sind → Rauschfilter und → Dolby.

Räuspertaste
Durch diese Taste kann das Mikrofon vorübergehend ausgeschaltet werden. Hörfunkmoderatoren nutzen diese Taste bzw. Möglichkeit, damit der Hörer keine „unangenehmen" Geräusche wahrnimmt, z. B. Husten, Räuspern, Niesen.

Regionalfenster
In unterschiedlichen Regionen werden verschiedene → Regionalprogramme/-fenster von einem überregionalen Radio- oder TV-Sender ausgestrahlt.

Regionalprogramm
Radio- und Fernsehsendungen, die sich hauptsächlich bzw. schwerpunktmäßig mit Themen innerhalb einer Region befassen, die kleiner

sind als das allgemeine Sendegebiet des Senders. Die dritten Fernseh- und Hörfunkprogramme, die nicht landesweit zu empfangen sind, sowie die vorabendlichen Regionalsendungen in der ARD werden unter diesen Begriff eingeordnet, ebenso regional unterschiedliche → Regionalfenster.

Regisseur
Er führt die Regie einer Sendung oder eines Filmes.

Relaunch
Als Relaunch bezeichnet man die Erneuerung bzw. Aktualisierung eines alten Produktes, welches in den wesentlichen Parametern – Produkt, Packungsgestaltung – geändert wird.

Rohmaterial
Sämtliches Bild-/Tonmaterial, das vor Ort aufgenommen wurde. Ein Beitrag ist eine zusammen geschnittene Auswahl hiervon.

Rotfunk
Öffentlich-rechtliche Sendeanstalten, denen vorgeworfen wird, ein Programm unter dem Einfluss der SPD mit mangelhafter politischer Ausgewogenheit zu verbreiten. Oftmals in Bundesländern mit SPD-Regierung. Gegenteil ist der → Schwarzfunk.

Rückkopplung
Aufschaukeln (Resonanz) einer Schwingung, im Rundfunk i. d. R. einer Tonfrequenz, bis zur sog. Resonanzkatastrophe (durchdringender Pfeifton). Tritt ein, wenn der Tonaufnehmer sich selbst wiedergibt (Kreislauf); z. B. wenn während eines Live-Interviews gleichzeitig beim Interviewten im Hintergrund die aktuelle Sendung in seinem Radio läuft und somit über das Telefonmikrofon im Studio aufgenommen und erneut ausgestrahlt wird. Auch unter der engl. Bezeichnung Feedback bekannt.

Rundfunkauftrag
Ugs. fälschlicherweise für den → Programmauftrag der öffentlich-rechtlichen Rundfunkanstalten verwendete Bezeichnung.

Rundfunkrat
Die Programmkontrolle der öffentlich-rechtlichen Rundfunkanstalten wird von diesem Gremium übernommen. Im Rundfunkrat sind die gesellschaftlich relevanten Gruppen repräsentiert (Kultur, Sport, Bildung, evangelische und katholische Kirche, jüdische Gemeinde, Arbeitnehmer und Arbeitgeber, Parlaments- und Parteienvertreter). Die Mitglieder des Rundfunkrates repräsentieren die Allgemeinheit, bestimmen in Zusammenarbeit mit dem → Verwaltungsrat die Leitung der Sendeanstalt, den Intendanten oder das Direktorium.

schalltot
Eine Umgebung ohne akustischen Nachhall und Reflexionen wird als schalltot bezeichnet.

schalltoter Raum
Ein Raum ohne akustischen Nachhall. Wände, Decke und Boden sind so beschaffen, dass jede Schallschwingung von ihnen absorbiert wird. Diese künstlich geschaffenen reflexionsfreien Räume sind häufig Teil von Studiokomplexen für die Simulierung von Aufnahmen im Freien.

Schnitt
1) Einen Schnitt machen, im Sinne von Bandmaterial schneiden.
2) Ugs. Abk. für einen Schnittplatz.

Schwanenhals
Ein beweglicher und biegbarer Befestigungsarm für Mikrofone.

Schwarzfunk
Öffentlich-rechtliche Sendeanstalten, denen vorgeworfen wird, unter dem Einfluss der CDU/CSU ein Programm mit mangelhafter politischer Ausgewogenheit zu verbreiten. Oftmals in Bundesländern mit CDU/CSU-Regierung. Gegenteil ist der → Rotfunk.

Selbstfahrerstudio
Ein Sende- bzw. Radiostudio, in dem der Moderator die Sendung ohne fremde Hilfe bzw. Techniker gestalten (→ fahren) kann. Früher saß der Moderator in einem Raum und im Nebenraum saß der Tontechniker, der die Sendungen - meist nach Handzeichen durch den Moderator - abmischte und Tonbänder einlegte. Privatsender arbeiten

fast ausschließlich mit Selbstfahrerstudios (Vorteil: besserer Programmfluss, geringere Personalkosten). Bei öffentlich-rechtlichen Sendern noch eher selten vorzufinden.

Sendeplan
Der Ablaufplan einer Sendung bzw. eines Sendetages, nach dem diese/r → gefahren wird.

Sendeplatz
In der → Sendeuhr wird jedem Beitrag und jeder Moderation eine bestimmte Anfangszeit sowie die Zeitdauer zugewiesen.

Sendeuhr
Jede gesendete Programmstunde ist in mehrere Abschnitte eingeteilt, die sich ähnlich wie das Ziffernblatt einer Uhr aufzeichnen lassen: z. B. Verkehrsnachrichten immer zu vollen Stunde, danach die → Sendungs-ID. 20 Minuten nach der vollen Stunde folgt ein regionaler Beitrag, 20 Minuten vor der vollen Stunde ein Wirtschafts- oder Sportbericht, um jeweils halb die Lokalnachrichten.

Sendungs-ID
(engl. ID = Abk. für identification = Identifizierung, Erkennung) Ein → Jingle, welches zu Beginn einer Radiosendung gespielt wird. Wenn die Sendungs-ID bekannt ist, kann sie somit auch zu Werbezwecken für die Sendung genutzt werden. → Station-ID

Set-Top-Box
Die Set-Top-Box ist ein Gerät in der Unterhaltungselektronik, das an ein anderes angeschlossen wird und somit zusätzliche Funktionen liefert.

Show-Opener
Der jeweils erste Musiktitel einer Radiosendung, der die Sendung eröffnet.

Sone
Die Maßeinheit für die subjektiv empfundene → Lautheit. 1 Sone entspricht einem Lautstärkepegel von 40 Phon.

Spartensender
Auf bestimmte Zielgruppen zugeschnittene Programme sind sog. Spartensender oder Spartenkanäle. Nach der Definition des Rundfunkstaatsvertrages: „... ein Rundfunkprogramm mit wesentlichen gleichartigen Inhalten.“, z. B. Wetterkanal, Spotkanal (DSF, Euro-Sport), Business-Channel (Bloomberg), E-Musik (Klassik-Radio).

Sponsoring
Sponsoring ist eine Form der Schaffung von Publicity für ein Unternehmen. Sie basiert auf der Idee des Image-Transfers. Der Sponsor profitiert somit vom Image des gesponserten Mediums, aber auch umgekehrt. Der Kunde finanziert z. B. ein Gewinnspiel/eine Promotion oder eine Sendung und erhält hierfür kurze Namensnennungen. Diese besondere Form der Werbung, Präsentation von Firmen oder Organisationen im Rundfunk darf seit Anfang 1992 auch von den öffentlich-rechtlichen Rundfunkanstalten genutzt werden, z. B.: „Diese Sendung wurde ihnen präsentiert von Bodo Baumeister – Ihr Baumarktexperte“.

Spot
1.) Werbeschaltung in Radio, TV und Kino. → Werbespot
2.) Auch Spotlight; Scheinwerfer.

Station ID
(engl. = Abk. für station identification = Sendererkennung) Ein kurzer → Jingle im Radio. Anhand dieses Jingles erkennt der Hörer direkt, welchen Sender er eingeschaltet hat. Werden prominente Musiker interviewt, so bittet der Reporter oft, dass dieser die Station-ID des Senders einspricht, z. B. „This is Peter Superstar. You are listening to Radio Wundervoll.“

Station Voice
Die sog. „Stimme des Senders“. Die Station Voice spricht alle Verpackungselemente eines Senders bzw. Sendeformates wie z. B. Trailer, Jingles, etc.

Streaming
Die kontinuierliche Übertragung von Daten, d. h. die Übertragung von

Datenströmen wird als Streaming bezeichnet. Häufig angewendetes Verfahren im Internet, um Radioprogramme online zu übertragen.

Summenregler
Einsteller in Ton- und Videomischpulten, die eine Summe von Eingangssignalen erfassen.

TA
Abk. für Traffic Announcements. Dies sind Verkehrsdurchsagen im analogen sowie im digitalen Hörfunk. Durch die TA-Funktion kann leichter erkannt werden, wenn in einem Radioprogramm gerade eine aktuelle Verkehrsnachricht läuft.

Tauchspulenmikrofon
Ein Spezialmikrofon, dessen Membrane eine Einheit mit einer feinen Schwingspule bildet, die sich im Luftspalt eines Magneten befindet. In der Spule wird eine analoge Wechselspannung erzeugt, sobald Schallschwingungen aufeinander treffen.

Tiefen
Die Bezeichnung für den unteren Tonfrequenzbereich unterhalb von 1.000 Hertz. In einem Tonstudio sind für die Einstellung der Tiefen spezielle Regler vorhanden, ebenso an Radio-Empfangsgeräten.

TMC
Abk. für Traffic Message Channel, also Verkehrsnachrichtenkanal. Dieser Datenkanal wird sowohl im UKW- als auch im Digital-Radio gesendet.

Tonassistent
Fachlich ausgebildete Hilfskraft des → Toningenieurs bei Aufnahmen für Radio und Fernsehen.

Toningenieur
Der für die Tonaufnahme und die Übertragung einer Sendung oder eines Programms zuständige Ingenieur, der bei Hörfunk und/oder Fernsehen arbeitet. Der Toningenieur ist auch eine Art Mittler zwischen Regie und Künstlern, und darüber hinaus nach technischen wie auch nach künstlerischen Gesichtspunkten verantwortlich.

Tonmischpult
Im Tonmischpult enden die Leitungen aller Tonquellen. Dazu gehören u. a. MAZ, die Mikrofone, Filmgeber und Tonbandgeräte. Im Tonmischpult werden sie zusammengeführt, ausgewählt und aufgezeichnet oder direkt auf Sendung geschaltet. Mittels eines Einstellers kann zwischen den Tonquellen hin und her geschaltet werden. Die Tonaussteuerung findet auch im Tonmischpult statt.

Tonregler
Oft verwendete, aber falsche Bezeichnung für den Einsteller am → Tonmischpult.

Tonrolle
Für die genaue Geschwindigkeit des Tonbandes im Tonbandgerät verantwortliche Achse mit genau geregelter Umdrehungszahl.

Trägerfrequenz
Durch ein Nutzsignal modulierte, hochfrequente elektrische Schwingung, wie sie z. B. bei einem Sender vorkommt.

Trailer
Programmankündigungsspot unter Platzierung des Sponsorenlogos; geschaltet außerhalb des Werbeblocks und meistens von der Station-Voice gesprochen. Eine kurze Werbesendung, die der Eigenankündigung von Programminhalten dient. Der Trailer soll den Hörer/Zuschauer auf einen folgenden Beitrag neugierig machen.

Transponder
Teil eines Kommunikationssatelliten, der die von der Erde ausgesendeten Radio-, Fernseh- und Fernmeldesignale empfängt, diese auf eine andere Frequenz umsetzt und sie verstärkt zur Erde zurücksendet.

Trennschärfe
Da das UKW-Frequenzband hoch ausgelastet ist, müssen Empfangsgeräte die Fähigkeit besitzen, eng benachbarte Sender zu trennen. Nur dadurch können Störungen des gehörten Programms durch Nachbarsender vermieden werden. Je besser ein → Tuner dies ermöglicht, umso größer ist die Trennschärfe.

Tuner
Die engl. Bezeichnung für den reinen Empfänger, z. B. von Radioprogrammen. Ein Tuner enthält somit keinen Endverstärker.

UKW
Abk. für Ultrakurzwelle, Hörfunk-Frequenzbereich zwischen 84 und 108 Megahertz. In diesem Frequenzbereich senden die meisten Radioprogramme. UKW breitet sich als → Raumwelle aus.

Ultrakurzwelle
Langform von → UKW

UMTS
Universal Mobile Telecommunications System, eher bekannt unter der Abkürzung UMTS, ist ein Mobilfunkstandard der dritten Generation.

Unterlegen
O-Ton, → Atmo oder Musik werden unter Bilder (TV) oder hinter gesprochenen Text (im Radio) gelegt.

USP
Unter USP (Unique Selling Proposition) versteht man das einzigartige Verkaufsargument. Den der Konkurrenz überlegenen Wettbewerbsvorteil eines Produktes, z. B. beste Qualität, schnellste Lieferung u. ä.

Ü-Wagen
Übertragungsfahrzeug bei Live-Sendungen; ein fahrbares bzw. mobiles Studio.

Verband Privater Rundfunk- und Telekommunikation e. V.
Abk. = VPRT. Dieser Verband ist die Interessenvertretung der privaten Hörfunk- und Fernsehveranstalter sowie von Unternehmen der Multimedia- und Telekommunikationsindustrie in Deutschland. Zurzeit sind im VPRT 160 Unternehmen dieser Branchen organisiert. Die Geschäftsstelle der VPRT ist in Berlin. Der VPRT ist Mitbegründer der Freiwilligen Selbstkontrolle Fernsehen, Gründungsmitglied der Freiwilligen Selbstkontrolle Multimedia und der Association of European Radios.

Verkehrsredaktion
Die Redaktion, die für die Verkehrsnachrichten im Radioprogramm verantwortlich zeichnet. Im Privatfunk wird diese Arbeit i. d. R. vom Nachrichtenredakteur oder vom Moderator gemacht.

Vierspurmaschine
Ein Tonbandgerät, welches vier Tonspuren auf einem Magnetband (MAZ) aufzeichnet.

Virtual Dolby Surround

Mit nur zwei Lautsprechern bzw. Kopfhörern wird versucht, den räumlichen Eindruck von → Dolby Surround zu simulieren. Jedoch bleibt aufgrund physikalischer Gesetzmäßigkeiten der Toneindruck deutlich flacher.

Visual Radio
Mobilfunkgestützte Übertragung von zusätzlichen Programminformationen wie z. B. Musiktitel, Interpret, Wetter- und Verkehrsinformationen zu UKW-Programmen auf ein Handy-Display. Diese Technik soll den Radiohörer interaktiv in das Radiogeschehen einbeziehen.

Vollprogramm
Als Vollprogramm wird ein „Rundfunkprogramm mit vielfältigen Inhalten, in welchen Information, Bildung, Beratung und Unterhaltung einen wesentlichen Teil des Gesamtprogramms bilden" bezeichnet. Das sog. Vollprogramm wurde im Rundfunkstaatsvertrag 1991 definiert.

Vorhören
Es gibt die Möglichkeit, am Tonmischpult eine Tonquelle abzuhören, ohne dass sie auf Aufnahme oder Sendung geschaltet wird. Somit ist eine bessere Kontrolle des Tons möglich.

WAP
Das Wireless Application Protocol (WAP) ist eine Sammlung von Technologien und Protokollen, deren Zielsetzung es ist, Internetinhalte für die langsameren Übertragungsraten und längeren Antwortzeiten im Mobilfunk sowie für die kleineren Displays der Mobiltelefone verfügbar zu machen.

WDR
Abk. für Westdeutscher Rundfunk, öffentlich-rechtliche Radio- und Fernsehsendeanstalt in Nordrhein-Westfalen mit Sitz in Köln. Der WDR ist die größte Sendeanstalt innerhalb der ARD.

Weblog
Weblogs, auch „Blogs“ genannt, sind sog. Online-Journale, die sich durch mehrmalige Aktualisierung und viele Verlinkungen auszeichnen.

Werbeblock
Werbung wird – bis auf Ausnahmefälle, wie z. B. sog. Single-Spotschaltungen - nicht einzeln gesendet, sondern mindestens zwei bis drei Werbespots werden in einem Werbeblock zusammengefasst. Grund dafür ist, dass der Zuhörer/Zuschauer den Unterschied zwischen (redaktionellen) Programmbeiträgen und Werbung sofort bemerken soll. Besonders bei privaten Fernsehsendern wird ein Beitrag (z. B. Film) häufig von einem oder mehreren Werbeblöcken unterbrochen. Die Anzahl und maximale Länge dieser Blöcke sind gesetzlich geregelt und werden von den Landesmedienanstalten überwacht. Werbeunterbrechungen sind z. B. in den USA erheblich häufiger als in Deutschland.

Werbespot
Ein kurzer Beitrag, mit dem für ein Produkt geworben wird. Vergleichbar im Printmedium mit der Zeitungsanzeige.

Werbevermeider
Mediennutzer, die versuchen der Werbung auszuweichen, werden als Werbevermeider bezeichnet.

Wimax
Abk. für Worldwide Interoperability for Microwave Access. Ein neuer Standard für regionale Funknetze, der in einer Vielzahl von Feldversuchen weltweit erprobt wird.

Wortbeitrag
Gesprochener Text im Radio.

ZAW
Zentralausschuss für Werbewirtschaft.

Zweisäulenmodell für privates Radio in NRW (Lokalfunk)
Die strukturelle Besonderheit dieses Modells liegt in der Aufteilung der wirtschaftlichen Verantwortung durch eine Betriebsgesellschaft (BG) und der publizistischen Verantwortung durch eine Veranstaltergemeinschaft (VG). Das Zweisäulenmodell ist in Deutschland einmalig. Mehr Infos siehe: http://www.lfm-nrw.de/hoerfunk/2funk.php3

3.6 Die Media-Analyse im Hörfunk

Das wohl meistbenutzte Wort in der Hörfunkbranche ist „ma". Warum wird jeder im Sender nervös und hektisch, wenn er diesen Begriff hört? Was verbirgt sich dahinter und was hat die „ma" mit meinen Kunden zu tun?

Die Antworten auf diese Fragen sowie die Arbeitsweise der Media-Analyse im Hörfunk finden Sie im folgenden Kapitel. Vorab möchte ich jedoch einige Begrifflichkeiten aus der Mediaforschung erläutern.

ag.ma (Arbeitsgemeinschaft Media-Analyse e. V.)

Die ag.ma ist ein Zusammenschluss von Werbungsmittlern, Werbeträgern sowie Werbungtreibenden mit dem Ziel, eine Leistungserhebung von Werbeträgern und deren Nutzern durchzuführen. Die hierfür zweimal jährlich durchgeführte Untersuchung ist die Media-Analyse (ma).

Fallzahl
Als Fallzahl bezeichnet man die Zahl der Interviews, die in einer Stichprobe enthalten sind.

Feldarbeit
Der Begriff „Feldarbeit" bezeichnet die Beobachtung und/oder Befragungsarbeit hinsichtlich der Zielpersonen einer Untersuchung. Die Feldarbeit ist also im Wesentlichen die Interviewer-Tätigkeit draußen (im Feld) bei den Befragten.

Hördauer
Die Hördauer (von 05:00 Uhr – 24:00 Uhr) gibt an, wie lange die Bevölkerung im Durchschnitt pro Tag Radio hört. Dieser Wert wird für jeden Sender / jedes Programm aus der Summe der gehörten Viertelstunden (Angabe in Minuten) und anschließender Division durch die Gesamtzahl der Befragten gebildet. Die Hördauer wird in Minuten ausgedrückt und gerundet angegeben. Sie kann sender- und regionalbezogen ausgewiesen werden. Die Werte der Hördauer liegen höher als die tatsächliche Nutzung. Da der Anteil nicht nutzender Personen an Bedeutung verliert, lassen sich vor allem Aussagen zur

langfristigen Rundfunknutzung machen. Das Äquivalent beim Fernsehen ist die Sehdauer.

Hörerbefragung

Demoskopisch werden jeweils zu einem bestimmten Stichtag repräsentativ Personen und Haushalte ausgewählt und nach ihrem allgemeinen Nutzungsverhalten ebenso wie nach ihrer Meinung und Einstellung zu einzelnen Sendungen und Programmen befragt. So entsteht ein Meinungsbild, das auf Erinnerungsleistungen basiert (z. B.: „Wann haben Sie gestern / heute Radio gehört? Welche Sendungen haben Sie gehört?"). Über viele Jahre hinweg wurden demoskopische Hörerbefragungen in großem zeitlichen Abstand, nämlich jährlich, durchgeführt. Mit monatlichen Telefonumfragen hat der SDR einen neuen Standard zur Überprüfung der Hörgewohnheiten und Programmbewertungen entwickelt. Mit Hilfe eines „Demometers" werden monatlich rund 1000 Erwachsene ab 14 Jahre ausgewählt und angesprochen. Inzwischen führen fast alle ARD-Anstalten ähnliche Trend-Befragungen in ihren Sendegebieten durch.

Hörer pro durchschnittlicher Stunde (HpD.-Stunde)

Bei der Bezeichnung „Hörer pro durchschnittlicher Stunde" spricht man von der Anzahl der Hörer, die bei einer Belegung des jeweiligen Programms erreicht werden. Berechnet als Mittelwert der Hörerschaften aller werbeführenden Stunden des jeweiligen Programms, hier innerhalb des Zeitraumes von 06:00 Uhr bis 18:00 Uhr.

Hörer pro Tag (HpT)

Die Angabe „Hörer pro Tag" errechnet sich aus der Nettoreichweite aller werbeführenden Stunden zwischen 05:00 Uhr und 24:00 Uhr. Dieser Wert ergibt sich aus der Anzahl der Personen, die erreicht werden, wenn man jede werbeführende Stunde eines Senders einmal belegt.

Hörer pro Stunde

Die Bedeutung der „Hörer pro Stunde" liegt in der Hörerschaft (Erwachsene ab 14+ Jahren) jeder einzelnen werbetragenden Sendestunde (Montag bis Samstag).

Marktanteil

Der Marktanteil gibt an, wie groß der prozentuale Anteil der Hördauer eines Hörfunkprogramms bzw. einer Senderkombination an der Hördauer aller Sender ist.

Nielsen-Gebiete

Als Nielsen-Gebiete bezeichnet man die Zusammenfassung von Bundesländern in Gruppen regionaler Zusammengehörigkeit. Die folgenden Gruppen werden nach der A.C. Nielsen Company als Nielsen-Gebiete bezeichnet:

- Nielsen I

  Schleswig-Holstein, Hamburg, Bremen, Niedersachsen

- Nielsen II

  Nordrhein-Westfalen

- Nielsen IIIa

  Hessen, Rheinland-Pfalz, Saarland

- Nielsen IIIb

  Baden-Württemberg

- Nielsen IV

  Bayern

- Nielsen V

  Berlin

- Nielsen VI

  Mecklenburg-Vorpommern, Brandenburg, Sachsen-Anhalt

- Nielsen VII

  Thüringen, Sachsen

Reichweite

1.) Größtmögliche Distanz zwischen Sender und Empfänger.

2.) Zahl der von einem Programm tatsächlich erreichten Hörfunk- oder Fernsehteilnehmer. In Deutschland meist von GfK ermittelt.

3.) Die technische Reichweite hängt von der technischen Infrastruktur der Sender ab. Die Satellitenreichweite z. B. liegt über der terrestrischen. Die terrestrische Reichweite liegt bei fast 100 Prozent aller Haushalte.

4.) Als Nutzungsmaßstab hängt die Reichweite von den Nutzungsgewohnheiten des Publikums ab. Ermittelt werden u. a. die Reichweiten einzelner Altersgruppen, z. B. der 14 – 49-Jährigen, die die wichtigste Zielgruppe der Werbungtreibenden darstellt.

Stammhörer
Stammhörer (Erwachsene ab 14 Jahren) geben an, den Sender an vier bis sechs Werktagen gehört zu haben, Gelegenheitshörer an nur ein bis drei Tagen.

Streuverlust/Fehlstreuung
Streuverluste sind durch Werbemaßnahmen erzielte Kontakte bei Personen, die nicht der definierten Media-Zielgruppe angehören.

Tagesreichweite (TRW)
Gibt den Anteil der Zielpersonen an, die an einem Tag durch einen Werbeträger erreicht wird. Dabei muss der Radiosender mindestens eine Viertelstunde lang durchgehend gehört werden. Die Berechnung erfolgt unabhängig davon, zu welcher Uhrzeit und wie lange insgesamt der Sender von der Zielperson eingeschaltet wurde.

Tausend-Kontakt-Preis (TKP)
Dieser Wert gibt in Euro an, wie hoch die Kosten sind, um bei einem Werbeträger 1000 Kontakte zu erreichen. Er gibt somit eine wesentliche Aussage über das Preis/Leistungs-Verhältnis, auch im Intermedia-Vergleich.

Formel für die Berechnung des TKP im Hörfunk:

$$\text{TKP (in €)} = \frac{\text{Sekundenpreis x 30 Sekunden x 1.000}}{\text{Bruttoreichweite in Tsd.}}$$

Verweildauer in Minuten

Die Verweildauer gibt an, wie lange ein Hörer im Durchschnitt den betreffenden Sender / die betreffende Kombi hört. Die Angabe erfolgt in Minuten. Sie errechnet sich aus der Summe der gehörten Viertelstunden und anschließender Division durch alle Hörer des Senders bzw. der Kombi. Durch diesen Wert erfährt man, wie lange die Hörer eines Programms durchschnittlich vor dem Programm verweilen.

Weitester Hörerkreis (WHK)

Der WHK-Wert zeigt die Hörerschaft (Erwachsene ab 14 Jahren) des jeweiligen Programms, die angibt, innerhalb der letzten 14 Tage mindestens in einer werbeführenden Stunde dieses Programm gehört zu haben.

Zielgruppe

Personengruppe, die durch eine Werbemaßnahme angesprochen werden soll, da sie den potentiellen Verbraucherkreis darstellt.

Die Arbeitsgemeinschaft Media-Analyse e. V.

Die Arbeitsgemeinschaft Media-Analyse e. V. (ag.ma) ist ein Zusammenschluss von Unternehmen der deutschen Werbewirtschaft. Sie führt zusammen mit ihrer kommerziellen Tochtergesellschaft, der MEDIA-MICRO-CENSUS GmbH, im Auftrag der Mitglieder die **Media-Analyse** durch.

Im Jahr 2010 setzen sich die Mitglieder der ag.ma wie folgt zusammen: 21 Werbungtreibende, 93 Werbe- und Mediaagenturen, 111 Pressemedien (Zeitschriften- und Zeitungsverlage), 17 Online-Anbieter, 13 Elektronische Medien (Hörfunk-/Fernsehsender, Vermarkter) sowie 5 Plakatanbieter.

Media-Anlayse (ma) – Ein Leistungsnachweis für Werbung und Programm

Zweimal im Jahr – in der Regel im März und im Juli eines Jahres - zittern Geschäftsführer, Programmchefs sowie Marketing- und Verkaufsleiter hinsichtlich der Veröffentlichung aktueller ma-Zahlen. Diese veröffentlichten Leistungsdaten zur Hörfunknutzung in Deutschland ermöglichen – besonders Mediaagenturen nationaler Kunden – Radiosender miteinander zu vergleichen. Die Media-Analyse eignet sich hervorragend für Hörfunksender mit landesweiter Abdeckung.

Die Erhebung der ma wird im CATI-Verfahren (telefonische Befragungen) durchgeführt. Aufgrund der Tatsache, dass es keinen Zugriff auf vollständige Haushalts-, Personen- oder Telefonnummerdateien gibt, wird die Stichprobe der ma als Flächenstichprobe gebildet. Hierbei wird die BRD über (bewohnte) Flächen abgebildet.

Speziell die Ermittlung von Hördauer, Tagesreichweiten sowie Verweildauer geben einen Überblick über die Radionutzung. So sah beispielsweise die Radionutzung in Deutschland gemäß der ma 2010/I wie folgt aus:

Altersgruppen	Tagesreichweite (in Prozent)	Hördauer (in Minuten)	Verweildauer (in Minuten)
Gesamt	78,6	192	244
Männer	79,7	201	253
Frauen	77,5	183	236
14-29 J.	71,3	152	214
30-49 J.	81,7	217	266
50 +	81,1	205	253

Quelle: ma 2010 Radio I;

Basis: Deutschsprachige Bevölkerung 10+, Mo-Fr, BRD Gesamt.

Hinsichtlich der Gesamtnutzung zeigte sich am Beispiel der Region Stadt- und Landkreis Aachen etwa folgende Zusammensetzung:

Sendegebiete/Ausstrahlungsgebiete:

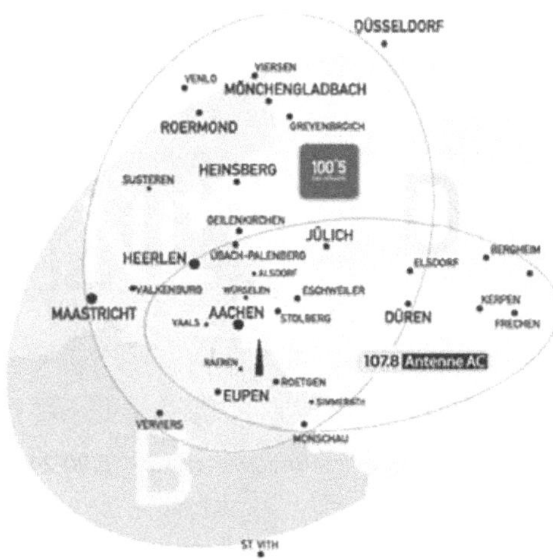

Marktanteile in Prozent

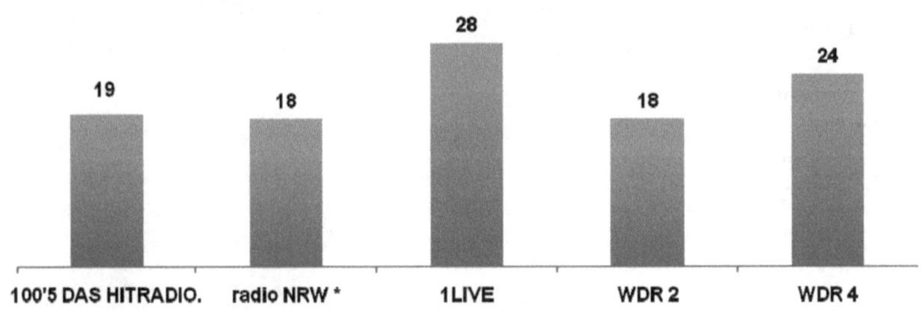

** u.a. 107.8 Antenne AC und Radio Aachen.*

Basis: ma 2010 Radio I – Deutschsprachige Bevölkerung 10+, 5.00-24.00 Uhr, Mo-Fr; Gebiet: Stadt- und Landkreis Aachen.

Tagesreichweite in Prozent:

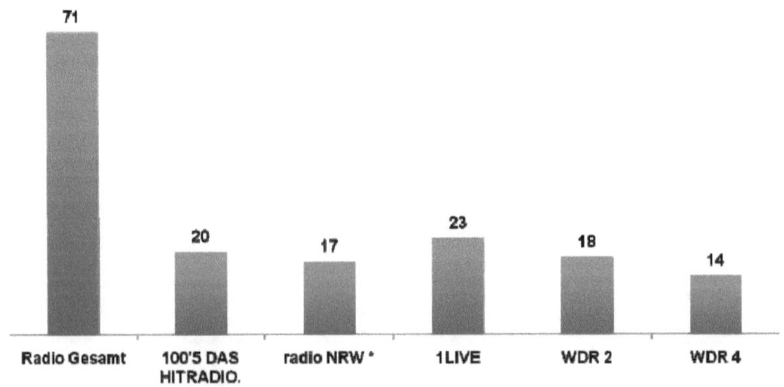

** u.a. 107.8 Antenne AC und Radio Aachen.*

Basis: ma 2010 Radio I – Deutschsprachige Bevölkerung 10+, 5.00-24.00 Uhr, Mo-Fr; Gebiet: Stadt- und Landkreis Aachen.

Verweildauer in Minuten

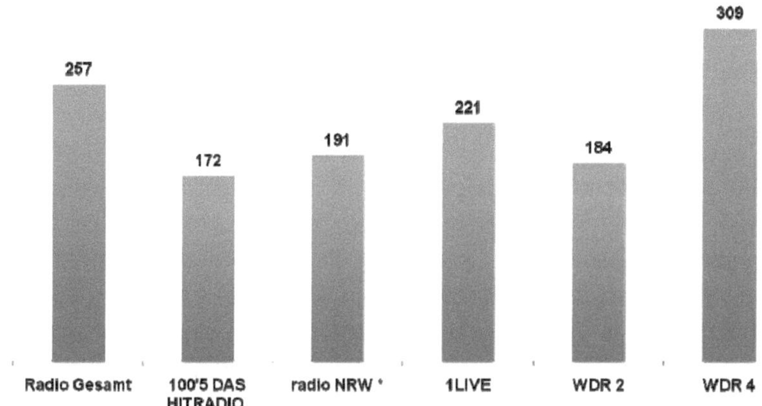

** u.a. 107.8 Antenne AC und Radio Aachen.*

Basis: ma 2010 Radio I – Deutschsprachige Bevölkerung 10+, 5.00-24.00 Uhr, Mo-Fr; Gebiet: Stadt- und Landkreis Aachen.

Das Feldmodell der ma Radio

Im Feldmodell der ma Radio (Abbildung S. 83) wird deutlich: ma-Zahlen bestehen immer aus zwei Wellen. Die Frühjahrs-ma (ma Radio I) besteht aus der Frühjahrswelle (1. Welle) und der Herbstwelle (2. Welle). Die Sommer-ma (ma Radio II) setzt sich aus der Herbstwelle (1. Welle) sowie der Frühjahrswelle (2. Welle) zusammen.

Die Vorgehensweise gemäß dem abgebildeten Feldmodell weist darauf hin, dass die Media-Analyse keine zeitnahe Abbildung der Hörfunknutzung in Deutschland ist. Werte, die im März eines Jahres veröffentlicht werden, betreffen jeweils den Abfragezeitraum von Januar bis Dezember des Vorjahres. Durch die Vorgehensweise des halbjährlichen Berichtens fließt beispielsweise eine telefonische Befragung vom 12. Januar 2010 in die Berichterstattung der ma 2010 II am 13. Juli 2010 sowie in die Berichterstattung im März 2011 bei der ma 2011 I ein. Demnach wird jede Welle zweimal berichtet, um ökonomisch sinnvoll zweimal im Jahr eine genügend große Fallzahl für die Berichterstattung zu erhalten. Das heißt, zwischen Befragung und Veröffentlichung liegen sechs bis vierzehn Monate.

Das Feldmodell der ma Radio

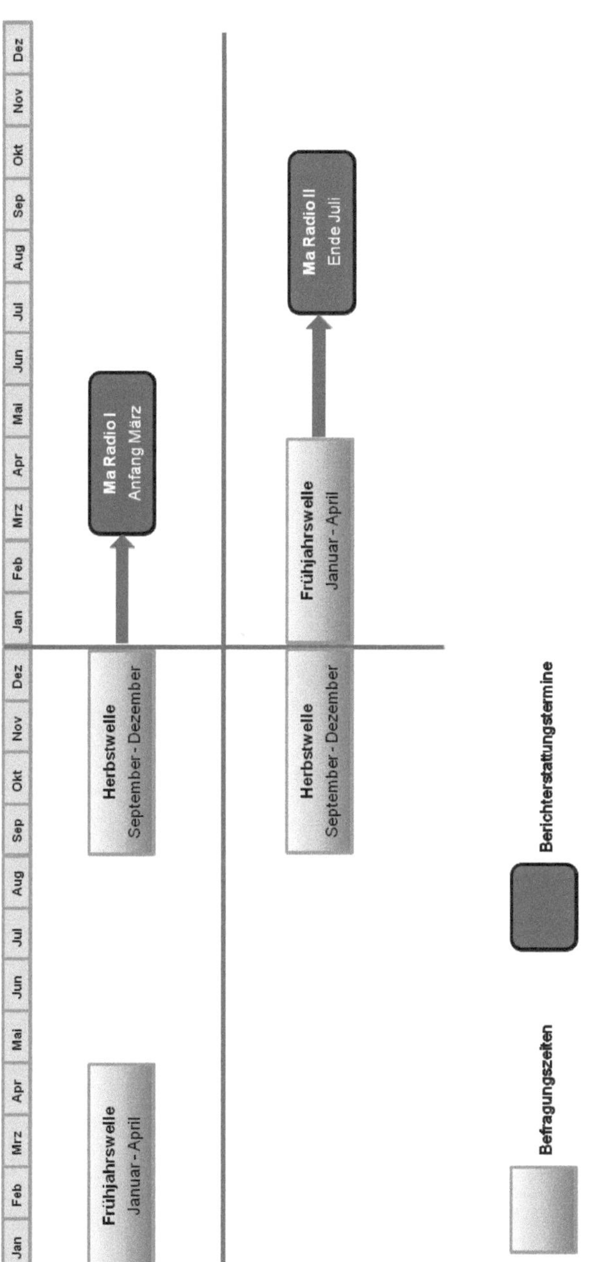

Quelle: ARD-Werbung SALES & SERVICES GmbH, Frankfurt

Fallzahlen der ma 2010 Radio I

Auf folgender Abbildung können Sie die regionale Verteilung der Interviews zur ma 2010 Radio I erkennen. Insgesamt wurden hierfür bundesweit 65.964 Interviews durchgeführt.

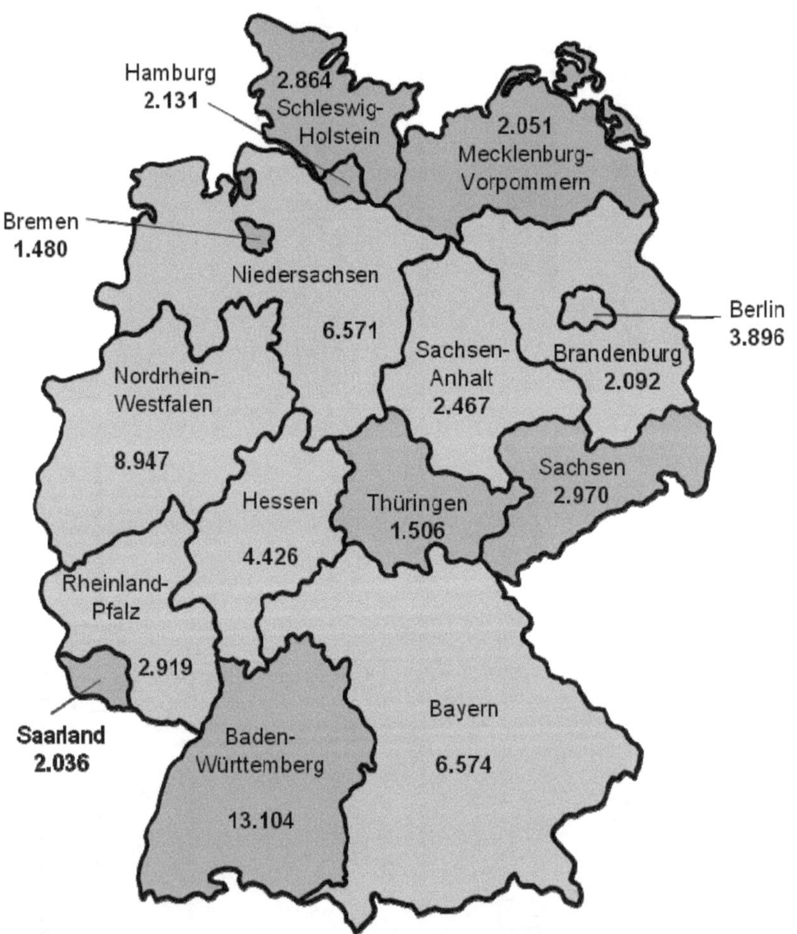

In allen Bundesländern gibt es landesweite Sender, die das gesamte Bundesland abdecken. Für diese Hörfunksender ist eine geringe Fallzahl völlig ausreichend. Die Chance ist hier vergleichsweise groß, genügend Nennungen zu erhalten, unabhängig von Ballungszentren oder ländlichen Gegenden. Bei einem Lokalsender allerdings, der nur im Ballungszentrum sendet, hat das eine ganz andere Bedeutung. Dieser Sender hat aufgrund seines vergleichsweise kleinen Verbreitungsgebietes entsprechend geringere Chancen, genügend Nennungen zu erhalten. Um die Fallzahlen aufzustocken, kann ein lokaler Sender Interviews hinzukaufen (Interview à 55 €). Dieses Hinzukaufen von Fällen, die sog. Aufstockung, ist ein neutraler Vorgang. Es kann aber durchaus vorkommen, dass die aufgestockten Interviews zu Gunsten der Mitbewerber ausfallen, das bedeutet: Trotz Aufstockung hat der lokale Sender keine Nennung vom Interviewten erhalten.

Demzufolge ist die Media-Analyse als Instrument zur Ermittlung von Leistungsdaten zur Hörfunknutzung für landesweite Sender absolut geeignet. Auch sämtliche regionalen Sender in der BRD werden in der ma gut abgebildet. Für lokale Sender jedoch ist eine Einzeldarstellung schwierig und meist nur mit Aufstockungen möglich.

Ich persönlich kann jedem Mediaberater nur empfehlen, im lokalen Verkauf Hörfunkwerbung *nicht* primär über das Argument „ma-Zahlen" zu verkaufen! Abgesehen davon, dass es sich um eine zwar aktuelle, jedoch nicht zeitnahe Darstellung handelt, die Schwankungen unterliegt, ist die Vorgehensweise der Media-Analyse oftmals für den branchenfremden Kunden sehr irreführend. Verkaufen Sie im lokalen Markt besser über den Erfolg, den ein Kunde mit der Belegung Ihres Senders haben kann (Abverkauf etc.)!

Fragebogen der Media-Analyse

Durch den Fragebogen erfasst der Interviewer das Tagesablaufschema des Befragten.

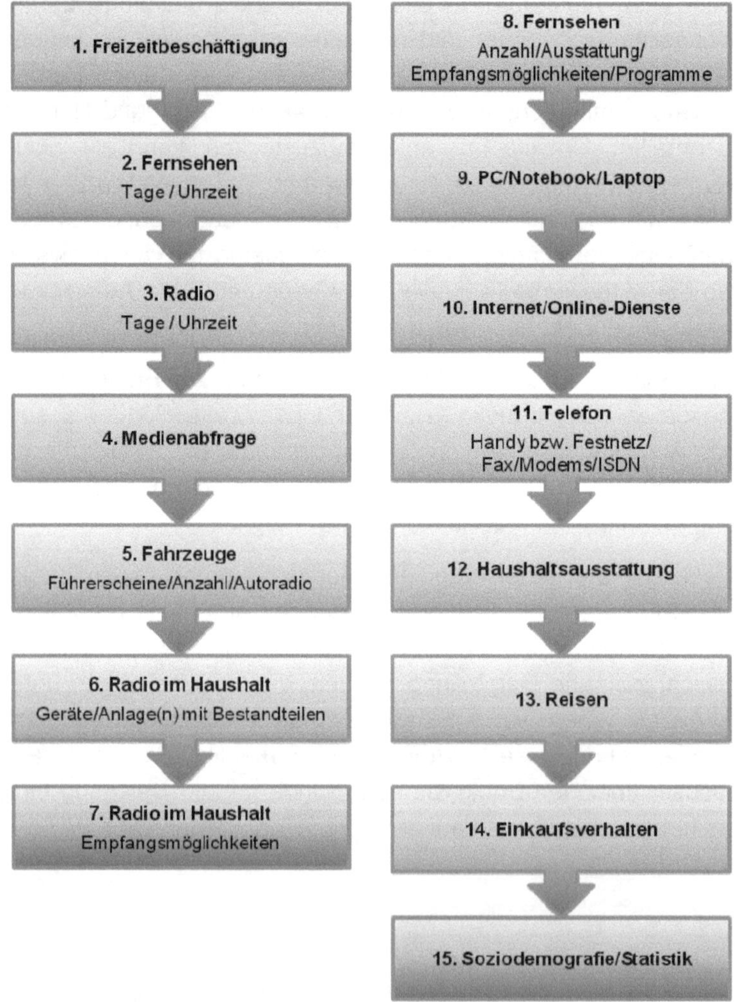

Es erfolgt also ein protokolliertes Gespräch zum gestrigen Tag, erfasst jeweils pro Viertelstunde. Schwerpunkte der Befragung liegen im Bereich Tätigkeiten sowie Radionutzung zwischen 05:00 bis 24:00 Uhr.

Beispiele für die Befragungsbereiche

im Haus	außer Haus	Schlafen
1. Körperpflege/anziehen	1. Unterwegs im Auto	
2. Essen/Mahlzeiten	2. Unterwegs Bahn/Bus	
3. Hausarbeit	3. Einkaufen/Besorgungen	
4. Berufsarbeit	4. Berufsarbeit	
5. Sonstiges	5. Schule, Studium	
	6. Besuche machen	
	7. Kneipe/Restaurant	
	8. Sonstiges	

Zusätzlich werden auch andere Medientätigkeiten erfasst, beispielsweise:

- CDs, MP3s, Kassetten, Schallplatten
- Fernsehen
- Videos/DVDs sehen
- Sich mit dem PC beschäftigen

Jede dieser Medientätigkeiten muss mit einer anderen Tätigkeit (im oder außer Haus) verknüpft sein![4]

---

[4] Quelle: ARD-Werbung SALES & SERVICES GmbH, Frankfurt

Fragebogen zur Ermittlung der Hörfunk-Reichweiten

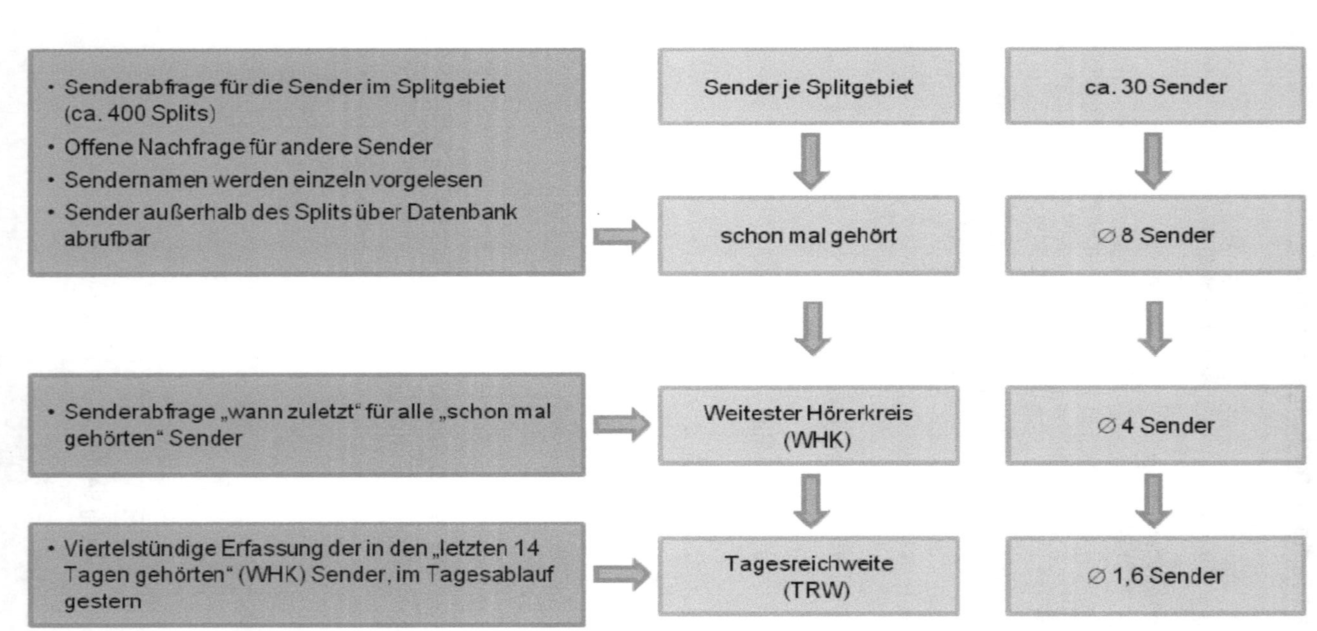

Quelle: ARD – Werbung SALES & SERVICES GmbH Frankfurt

Fragebogen: Sender je Splitgebiet am Beispiel Aachen

Split Stadt Aachen und Landkreis Aachen (ma 2010 Radio I), insgesamt 25 gestützt abgefragte Sender

WDR zwei, der sender
eins #live#
WDR vier, schoenes bleibt
WDR fuenf, hoeren erleben
WDR drei, aus lust am hoeren
deutschlandfunk
SWR drei
deutschlandradio kultur
SWR zwei, kultur
funkhaus europa
SWR eins rheinland-pfalz,eins gehoert gehoert. SWR eins
SWR vier rheinland-pfalz, da sind wir daheim
hundert komma fuenf das hitradio,die superhits der achtziger
radio aachen hundert komma eins
antenne AC
#fantasy dance# sechsundneunzig punkt sieben
klassik radio, bleiben sie entspannt mit klassik radio
RPR eins
#sunshine live#,wir sind unter euch
radio neunzig eins
radio koeln, ihr lokalradio
radio rur, ihr lokalradio
radio erft, ihr lokalradio
RTL radio, die besten hits aller zeiten
#jam FM#

3.7 Hörfunk- und Musikformate in Deutschland

Adult Contemporary (AC)

Kernzielgruppe: 14 – 19 Jahre

Musik: „Erwachsene Gegenwartsmusik", melodische Pop- und Rockmusik der letzten Jahrzehnte bis heute, Orientierung am breiten Massengeschmack.

Programm: Programmschwerpunkt auf Morningshow: hoher Wortanteil, Infos, Gewinnspiele, Comedy-Inhalte, News, Boulevard-artige Thematisierung; übriges Programm: höherer Musikanteil, Teaser auf Morningshow, Hörerintegration; meist gespieltes Musikformat in Deutschland.

Beispiel: Radio Salü, 100'5 DAS HITRADIO., ffn

Das AC-Format wird nochmals in folgende Gruppierungen unterteilt:

- *Oldie-Based AC*

  Musikstücke der Siebziger- bis Neunzigerjahre, oberes Alterssegment der Kernzielgruppe.

  Beispiel: Radio Arabella, 107.8 Antenne AC

- *Soft AC*

  Ruhigere, gefällige und sanftere Poptitel, Wunschmusik/Hörergrüße.

  Beispiel: Hr1

- *Current Based/Hot AC*

  Aktuellere, schnellere Titel der Neunziger und 2000er, unterstes Alterssegment der Kernzielgruppe (Überschneidung mit CHR).

  Beispiel: BB Radio

- *Rockorientiertes AC*

  Höherer Anteil aktueller rockorientierter Titel der vergangenen Jahre.

  Beispiel: Rock Antenne

Contemporary Hit Radio (CHR)

Kernzielgruppe:	14 – 29 Jahre
Musik:	„Hitradio mit Gegenwartsmusik", geprägt durch schnellere Musiktitel (Charts), nicht älter als sechs Jahre, begrenzte Playlist, schnelle Titelrotation (d. h. nur wenige Titel – ca. 200 – sind in der aktuellen Rotation).
Programm:	Programmschwerpunkt: lange Musikstrecken, geringer Informationsanteil, knappe und witzige Moderation, teilweise inhaltliche/formale Überschneidung mit AC-Format.
Beispiel:	Big FM, delta radio, gong fm, Eins Live

Auch im CHR-Format unterteilt man in folgende Gruppierungen:

- *Dance/Hit Oriented CHR*

  Aktuelle Discomusik, aktuelle tanzbare Musik.

- *Mainstream CHR*

  Gängige Hitlisten-Musik, breiter gestreute Titelselektion.

- *Euro/German Based CHR*

  Spielt aktuelle europäische – französische, italienische, deutsche – Titel.

- *Rock Oriented CHR*

  Rocklastige aktuelle Musiktitel.

Middle of the Road/Full Service (MOR)

Kernzielgruppe: 35 – 55 Jahre, durchschnittl.-konservative Hörer

Musik: Klassisches „Vollprogramm", ausgewogene Mischung aus Information und Musik, nationale sowie internationale harmonische und melodiöse Musik.

Programm: Verschiedene Sendungsinhalte (Spezialsendungen verschiedener Zielgruppen: Hausfrauen, Schüler etc.), anspruchsvolle redaktionelle Inhalte, breites Nachrichtenspektrum, ruhige sachliche Moderation.

Beispiel: SR Saarlandwelle, extra radio

Urban Contemporary (UC)

Kernzielgruppe: 18 – 34 Jahre

Musik: Rhythmusorientierte, schwarze Musiktitel, jung und trendorientiert.

Programm: Gutgelaunte Moderation, häufige Promotions, Nachrichten eher unbedeutend (Kategorien: Dance, Black Music und Soul/Funk).

Beispiel: 98.8 KISS FM, JAM FM, you fm

Klassik

Kernzielgruppe: 30 Jahre und älter, gebildete Hörer mit hohem Einkommen

Musik: Beliebte Stücke der klassischen Musik: Konzerte, Sinfonien, Opern und Operetten.

Programm: Anspruchsvolle redaktionelle Inhalte, kultivierte Moderation, geringe Programmaktionen.

Beispiel: Klassik Radio, Bayern 4 Klassik

Oldies

Kernzielgruppe:	20 – 45 Jahre
Musik:	Mischung aus internationalen Oldies sowie Evergreens der Zwanziger- bis Sechzigerjahre.
Programm:	Ruhige Moderation, nur geringe Promotionaktivitäten, hohe emotionale Hörerbindung.
Beispiel:	RADIO NORA

Melodie-Schlager

Kernzielgruppe:	30 – 59 Jahre
Musik:	Melodiebetonte deutsche Schlager (1955 bis heute), Evergreens und volkstümliche Musik.
Programm:	Unaufdringlich-freundliche, konservative und zurückhaltende Moderation, hohe Promotionaktivität, potentiell weiter Hörerkreis mit hoher Verweildauer.
Beispiel:	hr4, Radio Melodie, Radio Primavera

Info/News/Talk

Kernzielgruppe:	35 – 50 Jahre,
	anteilig mehr infoorientierte, ältere Hörer
Programm:	Nahezu ausschließlich gesprochenes Wort (Nachrichten, Call-In-Shows, Talk-Shows mit Studiogästen), schnelle Rotation journalistisch aufbereiteter Nachrichten.
Beispiel:	hr-info, Inforadio

Sonstige Formate:

Weltmusik	Breite Titelselektion aus allen Ländern der Erde, anspruchsvolle und unterhaltende Musikmischung von oftmals wenig bekannten Titeln.
Religiös	Mischung aus Wort- und Musikbeiträgen, die sich auf religiöse Inhalte konzentrieren, Übertragung von Gottesdiensten.
Ethnisch/Multikulti	Fremdsprachen-Sender mit Wort- und Musikbeiträgen.

3.8 Der Radiospot

Meine Erfahrung ist, dass Kunden oftmals keinen Werbeauftrag abschließen, weil sie sich nicht vorstellen können, wie sie ihre Dienstleistung oder ihr Produkt in einem Radiospot anpreisen sollen. Wenn Sie auf diese Hürde vorbereitet sind und dem Kunden eine plastische Vorstellung von „seinem“ Spot geben können, dann ist das von großem Vorteil.

Die Spotproduktion

Kommen Ihnen folgende Fragen bekannt vor?

„Spotproduktion, wie geht das?“

„Wer macht was oder sollte was machen?“

„Was kostet ein Spot und woher bekomme ich einen Sprecher?

Was soll ich denn da sagen?“

Und so weiter ...

Was zeigt uns das?

Gerade im lokalen Geschäft haben Werbekunden oder die, die es werden sollen, wenig bis gar keine Erfahrung mit der Produktion von Radiospots. Woher auch?

Nun, die beste Medialeistung nützt verhältnismäßig wenig, wenn der Spot des Kunden „einfach nur schlecht“ ist oder gar keine wirkliche Aussage beinhaltet. Und das gibt es leider oft genug. Sie kennen vielleicht die Situation oder werden sie sicherlich kennen lernen: Der Kunde möchte bei der Produktion Geld sparen, möchte am liebsten gleich alle Informationen – von der Telefonnummer bis hin zur Adresse – in seinem Werbespot unterbringen, und lustig soll er auch noch sein. Und letztendlich wundert sich dieser Kunde, dass die Kampagne nicht den erwünschten Erfolg gebracht hat. Folglich ist er enttäuscht von seiner Radiowerbung! Sie aber wollen zufriedene und vor allem erfolgreiche Kunden! Denn nur diese Kunden haben eine positive

Einstellung zum Medium Hörfunk und werden weitere Aufträge bei ihnen platzieren.

Der Werbespot ist die akustische Visitenkarte eines Unternehmens!

Briefing für einen Radiospot

Ist Hörfunkwerbung für *den Kunden* interessant?

- Die Ausgangssituation klären!
- Das Projekt analysieren!
- Das oder die Produkt/e oder Dienstleistung definieren!
- Die Positionierung klären!
- Das USP (das einzigartige Verkaufsargument) herausfinden!
- Das Genre definieren!
- Die Zielgruppe festlegen!

Hinweis:

Die Kernfrage an den Kunden lautet letztendlich:

„Warum soll ich zu Ihnen kommen und Ihr Produkt oder Ihre Dienstleistung kaufen?“

- Die Strategie aufbauen!
- Die sog. Tonality festlegen!

Das Rebriefing

Die in einem Termin mit dem Kunden gesammelten Informationen werden sodann in enger Absprache zwischen dem Mediaberater und dem Produzenten verarbeitet. In der Regel reicht es aus, dem Produzenten diese Informationen kurz in einer Email zusammen zu fassen und zu schicken. Rechtzeitig, bevor der Werbespot on-air eingesetzt wird, erfolgt im Idealfall die Präsentation durch den Mediaberater beim Kunden oder - insofern dies nicht möglich ist - per Email, mit Anhang des Werbespots als Audiodatei, beispielsweise im mp3-Format. Legen Sie Ihrem Kunden ans Herz: Er sollte gerade hier nicht am „falschen Ende" sparen! Wenn er eine Anzeige in der Tageszeitung bucht, lässt er sich das Anzeigenmotiv schließlich auch nicht von seiner fünfjährigen Tochter malen, nur um das Honorar für den Grafiker zu sparen.

Radiospots sollten das sogenannte „Kino im Kopf" erzeugen können! Lassen Sie also Profis ans Werk!

Qualitativ minderwertige Funkspots schaden dem Kunden sowie dem Programm - und somit auch Ihnen als Mediaberater!

Hinweis:
Trashige Radiospots sorgen hier und da zwar mal für Gesprächsstoff, aber das tun sie auch nur dann, wenn sie eine Ausnahme im Werbeblock sind. Das heißt: Sie fallen auf, weil sie anders sind. Ob aber ein trashiger Werbespot wirklich „verkauft" oder für ein gutes Image sorgen kann, dass wage ich zu bezweifeln.

Achten Sie also auf:

- Genaues Briefing,
- professionelle Sprecher und
- qualitativ hochwertige Produktion.

Außerdem sollten Werbespots nie kürzer als zwölf bis fünfzehn Sekunden sein! Sonst fallen sie aufgrund ihrer Kürze nicht auf und gehen „im Programm unter".

Wenn es angebracht ist, können sie auch als Tandem-Spot produziert werden, dies erhöht die eigene Frequenz im Werbeblock, beispielsweise für eine Abverkaufsaktion.

Als Tandem-Spot bezeichnet man die Schaltung zweier Werbespots, die durch einen anderen, branchenunabhängigen Werbespot getrennt werden. Die Anordnung eines Tandem-Spots sieht in einem Sendeplan wie folgt aus:

→ Werbetrenner

→ *HAUPTSPOT KUNDE A (BSP. 20 SEKUNDEN)*

→ branchenunabhängiger Zwischenspot Kunde B

→ *REMINDER KUNDE A (5 SEKUNDEN)*

→ branchenunabhängiger Werbespot Kunde C

Sicherlich ist Ihnen auch die Bezeichnung „Visual Transfer" bereits zu Ohren gekommen. Hier spricht man von der Übertragung und Reaktivierung visueller Eindrücke von einem Werbemittel auf ein anderes Werbemittel, z. B. können visuell penetrierte Fernsehkampagnen durch die gleichen akustischen Signale im Radio in Erinnerung gerufen werden.

Überlassen Sie die Spotproduktion NIE allein dem Kunden!

Den Werbeerfolg eines Spots kann man nicht garantieren, aber unter Einhaltung der nachfolgenden elf Punkte sind die Chancen auf Erfolg wesentlich höher!

Ein Werbespot sollte ...

1. eine einzelne, klare und prägnante Werbebotschaft enthalten!
2. die Aufmerksamkeit des Hörers von Anfang an erregen!
3. mit dem Hörer über etwas sprechen, das den Hörer interessiert (im Gegensatz zu typischen Spots, die nur über den Werbetreibenden sprechen)!
4. das Problem des Verbrauchers (unser Hörer) lösen!
5. sich der natürlichen Ausdrucksweise der Zielgruppe bedienen!
6. Charaktere nutzen, mit denen sich die Zielgruppe (unser Hörer) identifizieren kann!
7. ein einzigartiges Verkaufsargument (USP = Unique Selling Proposition) besitzen! Der USP ist die Antwort auf die Frage „Warum sollte ich mein Geld bei Ihnen ausgeben und nicht bei der Konkurrenz?"
8. Bilder erzeugen!
9. dem Hörer genau sagen, wie er auf die Botschaft hin handeln soll! Was er zu tun hat!
10. textlich so gestaltet sein, dass der Sprecher die Verkaufsbotschaft ohne Hast effektiv präsentieren kann. Der Spot verwendet Musik und Geräusche nur dann, wenn sie die Effizienz der Verkaufsbotschaft unterstützen!
11. last but not least: Der Werbespot sollte oft genug ausgestrahlt werden, damit er in das Bewusstsein des Hörers gelangen kann; mindestens 5 x täglich und dies mindestens an 10 Tagen in Folge... Besser noch mehr!

Audio-Logo/Sound-Logo

Bei nationalen Hörfunkkunden ist das Audio-Logo mittlerweile ein fester Bestandteil der jeweiligen Werbespots. Am Beispiel von Telekom oder Mc Donald's spiegelt sich die immense Kraft eines gut produzierten Audio-Logos wieder. Wieso sollte man bei lokalen oder regionalen Kunden auf ein Audio-Logo verzichten? Kostentechnische Gründe können es nicht sein, lässt sich ein einsetzbares Audio-Logo bereits ab ca. 500,00 € produzieren. Bedenkt man, dass das Logo daraufhin für Jahre einsetzbar ist, kann man diesen Erstellungspreis geradezu zu vernachlässigen.

Zusätzlich ist das Erstellen eines Audio-Logos ein geeignetes Verkaufsargument für Folgeaufträge. Welcher Kunden möchte schon ein Audio-Logo für eine einmalige Hörfunkkampagne produzieren lassen? Vom Nutzen für die gesamte Kampagne ganz zu schweigen.

Erstellen von Schaltplänen

Ist der Spot fertig, stellt sich die Frage: „Wie setze ich diesen Werbespot wirkungsvoll im Sendeplan für meinen Kunden ein?".

Für die Erstellung von Schaltplänen ist es unerlässlich zu wissen, um welche Art von Kampagne es sich handelt!

Liegt das primäre Ziel der gebuchten Kampagne darin, den Abverkauf zu steigern und Kunden schnell zu mobilisieren, dann ist es wichtig, in kürzester Zeit so viel Hörerkontakte - und somit potentielle Kundenkontakte - wie möglich bei ein und demselben Hörer zu erreichen. Wissenschaftlich nachgewiesen spricht man von durchschnittlich sieben Kontakten, die notwendig sind, um bei einer interessierten Person einen Kaufimpuls auszulösen.

Diese Kontakte können auf unterschiedlichsten Wegen erreicht werden. Zum Beispiel durch häufige Ausstrahlung des Werbespots im Radio, die der potentielle Kunde in kürzester Zeit dann öfters hört. Oder durch eine Kombination mit anderen Medien, beispielsweise ein Direct-Mailing in den Briefkasten, Anzeigen in der Tagesschaltung, ein Fernsehspot oder Bannerwerbung im Internet.

Durchschnittlich sieben Kundenkontakte sind notwendig, um beim potentiellen Kunden einen Kaufimpuls auszulösen!

Sicherlich muss ein Grundinteresse beim potentiellen Käufer vorhanden sein. Wer keinen Garten hat, wird sich auch nach dem 20. Kontakt einer Rasenmäherwerbung keinen Rasenmäher kaufen. Das sogenannte Involvement (engl. Einbindung, Beteiligung, Mitleidenschaft, Verstrickung) des Kunden ist Grundvoraussetzung. Ist das Produkt oder die Dienstleistung mangelhaft oder nicht notwendig, wird auch die richtige Anzahl von Kontakten keinen gewünschten Abverkauf erzielen.

Um diese Kontakte in kurzer Zeit schnell zu erreichen, könnte ein Schaltplan für einen Kunden - der beispielsweise eine Winterreifen-Aktion bewirbt - wie folgt aussehen:

Beispiel Sendeplan „Abverkauf“

SENDEPLAN	2010							
Uhrzeit/Datum	*20.11.*	*21.11.*	*22.11.*	*23.11.*	*24.11.*	*25.11.*	*26.11.*	*27.11.*
06:00 - 07:00 Uhr	x	x	x	x	x	x	x	
07:00 - 08:00 Uhr	x	x	x	x	x	x	x	
08:00 - 09:00 Uhr	x	x	x	x	x	x	x	
09:00 - 10:00 Uhr	x	x	x	x	x	x	x	
10:00 - 11:00 Uhr								
11:00 - 12:00 Uhr								
12:00 - 13:00 Uhr								
13:00 - 14:00 Uhr								
14:00 - 15:00 Uhr	x	x	x	x	x	x	x	
15:00 - 16:00 Uhr	x	x	x	x	x	x	x	
16:00 - 17:00 Uhr	x	x	x	x	x	x	x	
17:00 - 18:00 Uhr	x	x	x	x	x	x	x	
18:00 - 19:00 Uhr								
19:00 – 20:00 Uhr								

Mit diesem Schaltplan erreicht man sodann Autofahrer, die diesen Werbespot im PKW – morgens auf dem Weg zur Arbeit oder aber zur Rush-Hour – täglich zur gleichen Zeit hören.

Liegt dem Kunden daran, seine Imagewerte zu steigern und sich mittelfristig „bekannter zu machen“?

Möchte sich der Hörfunkkunde grundsätzlich erst einmal mit seinem Leistungsportfolio bekannt machen oder sein vorhandenes Image steigern, so ist die Kontaktzahl pro Hörer nicht entscheidend.

In diesem Fall ist es wichtig, sehr viele Hörer in einem kurzen Zeitraum zu erreichen. Dies erreicht man, indem man einen Werbespot in den täglichen Uhrzeiten rollierend einsetzt: Schaltet man beispielsweise am ersten Schalttag einen Spot um 07:00 Uhr, 09:00 Uhr, 11:00 Uhr, 13:00 Uhr, 15:00 Uhr und 17:00 Uhr, setzt man demnach den Werbespot am nächsten Tag jeweils eine Stunde später ein. Somit erreicht der Kunde eine große Reichweite und kontaktiert die größtmögliche Zahl der Hörer eines Programms. Ein Schaltplan zur Imagesteigerung oder Bekanntmachung sieht folgendermaßen aus:

Beispiel Sendeplan „Image"

SENDEPLAN	2010							
Uhrzeit/Datum	*20.11.*	*21.11.*	*22.11.*	*23.11.*	*24.11.*	*25.11.*	*26.11.*	*27.11.*
06:00 - 07:00 Uhr		X		X		X		X
07:00 - 08:00 Uhr	X		X		X		X	
08:00 - 09:00 Uhr		X		X		X		X
09:00 - 10:00 Uhr	X		X		X		X	
10:00 - 11:00 Uhr		X		X		X		X
11:00 - 12:00 Uhr	X		X		X		X	
12:00 - 13:00 Uhr		X		X		X		X
13:00 - 14:00 Uhr	X		X		X		X	
14:00 - 15:00 Uhr		X		X		X		X
15:00 - 16:00 Uhr	X		X		X		X	
16:00 - 17:00 Uhr		X		X		X		X
17:00 - 18:00 Uhr	X		X		X		X	
18:00 - 19:00 Uhr		X		X		X		X
19:00 - 20:00 Uhr	X		X		X		X	
20:00 – 21:00 Uhr								

Letztendlich würde ich immer beachten: Ein Schaltplan „Abverkauf" sorgt sekundär auch immer für die Steigerung der Imagewerte. Ein Schaltplan für „Imagesteigerung" sorgt hingegen nicht unbedingt für einen direkt spürbar besseren Abverkauf!

Ist man sich unsicher, was der Kunde tatsächlich mit der Kampagne bezwecken möchte, sollte man in einem weiteren Gespräch das genaue Ziel herausarbeiten. Besteht sodann immer noch keine Klarheit, so entscheiden Sie sich für einen „Abverkaufsplan".

Damit erreichen Sie primär einen Abverkaufsanreiz und sekundär auch eine Imagebildung bzw. –förderung. Erfahrungsgemäß möchten gerade lokale und regionale Kunden ohnehin eher eine Abverkaufshilfe und schnelle Ergebnisse.

Füllen Sie den Spot-Schaltplan gemeinsam mit dem Kunden aus und lassen sie den Kunden niemals allein damit!

Dies wäre fahrlässig und hat nichts mit Mediaberatung oder verantwortungsvollem Verkaufen zu tun. Das Ausfüllen der Spot-Schaltpläne ist nicht die Aufgabe des Kunden oder der Disposition. Das sollte Ihr Know-how sein und auch bleiben!

Beispiele
„Radiospots für die Bewerbung der eigenen Radiostation"

Die hier genannten Radiospots liefen bereits mit großem Erfolg bei mehreren Radiostationen in Deutschland.

Motiv „Rudi Reibach – Folge 1"

Voice: Das ist Ernst Zweifel.
Ernst Zweifel hat ein Geschäft und macht gar keine Werbung.
Bei Ernst Zweifel hört es sich tagsüber im Geschäft so an.

SFX: *Stille, Ticken der Uhr, gähnender Ernst Zweifel.*

Voice: Das ist Rudi Reibach.
Rudi Reibach hat ein Geschäft und macht Radiowerbung.
Bei Rudi Reibach hört es sich tagsüber im Geschäft so an.

SFX: *Laden voll, Kassenklingeln, ein fröhlicher, sich die Hände reibender Rudi Reibach.*

Voice: Wenn es sich in Ihrem Geschäft so anhören soll wie bei Rudi Reibach, dann setzen Sie sich umgehend mit unserem Mediaberater-Team in Verbindung. ...

Motiv „Rudi Reibach – Folge 2"

SFX: *Ladenatmo, Laden voll.*

Rudi Reibach: „Hallo, hier ist Rudi Reibach! - Sie erinnern sich?!
Wussten Sie schon, dass Ernst Zweifel sein Geschäft wegen fehlender Umsätze schließen musste?
Na ja, ich habe dem Ernst schon immer gesagt: ‚Wenn Du an der Werbung sparst, kannst Du Deine Insolvenz schon jetzt vorbereiten!'
Also gerade in umsatzschwachen Zeiten sollten Sie nicht auf Werbung verzichten!
Ich vertraue Hörfunkwerbung. Damit kann ich meinen Abverkauf schnell in die Höhe treiben. Glauben Sie nicht? Dann ru-

fen Sie doch mal bei Radio Wundervoll an und lassen Sie sich beraten! Bis demnächst, Ihr Rudi Reibach!
Ach, hier noch die Telefonnummer 0000 – 0000000."

Motiv „Rudi Reibach – Folge 3"

SFX: *Ladenatmo, Laden voll.*

Rudi Reibach: „Puuh.... Hallo, hier ist Rudi Reibach. Ich kann ihnen sagen, Umsatzsteigerung kann einen ganz schön ins Schwitzen bringen. Aber ein bisschen Schweiß und dafür volle Kassen und glückliche Kunden ist doch was Wunderbares. Genauso klasse wie Hörfunk-Werbung auf Radio Wunderbar!"

Off: Sie möchten auch schwitzen und steigende Umsätze verzeichnen?
Dann rufen Sie doch einfach bei Radio Wundervoll unter 0000 – 0000000 an und lassen Sie sich beraten!

Rudi Reibach: „Ja dann bis demnächst...Ihr Rudi Reibach"

Motiv „Rudi Reibach – Folge 4"

Sprecher weiblich: „Entschuldigung Herr Reibach, kann ich Ihnen noch ein Glas Champagner bringen? Oder ihre Füßchen kitzeln?"

Rudi Reibach: "Ja ja, machen Sie mal! Ach ist das wunderbar. Ich wusste ja immer, dass es sich lohnt auf Radiowerbung zu setzen. Wissen Sie, seitdem ich für mein Geschäft Hörfunkwerbung schalte, läuft es so gut, dass ich mir auch mal wieder 6 Wochen Urlaub am Stück leisten kann."

Sprecher weiblich: "Herr Reibach? Ihre Frau benötigt noch mal ihre Kreditkarte."

Rudi Reibach: "Hier, bitte schön! - Also, ich kann es Ihnen nur empfehlen. Schalten Sie doch einfach mal Radiowerbung auf Radio Wundervoll. Der Rest kommt fast von alleine. Na ja, anrufen müssen Sie schon selbst. Wählen Sie einfach die Telefonnummer von Radio Wundervoll 000-00000. Äh, wie sagen die immer? ‚Ihr Partner in Sachen Hörfunkwerbung'. Hört sich gut an, oder?“

3.9 Sonderwerbeformen – Sahnestücke der Radiowerbung

Sonderwerbeformen benötigen kreative und vor allem erfahrene Mediaberater, innovative Kunden und flexible Programmmacher. Also viele Faktoren, die übereinstimmen müssen. Vermeiden Sie in Ihrer Einarbeitungsphase als Mediaberater unter allen Umständen, Sonderwerbeformen zu verkaufen. Sonderwerbeformen benötigen in der Konzeption sowie in der Angebotserstellung sehr viel Zeit und sehr gutes Radio-Know-how. Sonderwerbeformen sind für den Radiosender wirtschaftlich sehr interessant, und somit auch für den Mediaberater. Allerdings schaden halb durchdachte und schlecht gestaltete Sonderwerbeformen dem Programm, nerven den Hörer und bringen dem Kunden nicht den erwarteten Erfolg. Gut durchdachte und professionell aufbereitete Sonderwerbeformen hingegen binden Ihre Kunden an das Medium Radio, denn sie werden von der Stärke des Mediums begeistert sein. Sie bringen den Hörern Spaß und dem Programm wertvolle und wirtschaftlich attraktive Programminhalte, die den Einschaltimpuls beim Hörer verstärken können.

Von der klassischen Spotwerbung hin zum Gewinnspiel...
Der beste Weg für das beste Kundenverhältnis!
ABER: Step by Step!

Was ist also zu beachten, damit eine Sonderwerbeform für alle Beteiligten erfolgreich ist und sie so als stabiler Umsatzfaktor in der Mediaplanung Ihres Kunden vorkommt? Welcher Kunde ist überhaupt für unser Medium geeignet, und womit fange ich dann beim Kunden an?

Dies sind typische Fragen, die sich Mediaberater im Hörfunk stellen. Grundsätzlich kann man sagen, dass jeder Kunde aus dem Business-to-Costumer-Bereich auch ein potentieller Radiokunde ist. In einigen Fällen sind sogar Kunden aus dem Business-to-Business-Bereich für unser Medium interessant.

Und oft genug stellt man sich die Frage: Ist ein Kunde „groß genug“, um überhaupt Radiowerbung zu schalten? Hier sollten Sie im ersten Schritt nie über den Geldbeutel des Kunden bestimmen und mit Vorannahmen herangehen, die hinderlich sein können. Ich selbst habe bereits erlebt, dass z. B. eine kleine Beauty-Schule mutig und entschlossen war und Radiowerbung schaltete. Über sechs Jahre war sie ein treuer Radiokunde und hat in dieser Zeit über 100.000 € in das Medium Hörfunk investiert. Mit dem Erfolg, aus einer kleinen Schminkschule eine exklusive Kosmetiklinie mit einem edlen Shop zu realisieren. Und dies ist nur ein Beispiel.

Sonderwerbeformen:
Die außerordentliche Art der Radio-Kommunikation - Formen, Vielfalt, Möglichkeiten!

Sonderwerbeformen fallen als besondere Werbeformen im Programm hervorragend auf und erregen höhere Aufmerksamkeit beim Hörer! Sie werden in der Regel vom Hörer als Programmelement gesehen und erreichen somit auch eine größere Glaubwürdigkeit. Man unterscheidet zwischen folgenden Sonderwerbeformen:

- **Sponsoring**

  Hierunter versteht man das klassische Wetter- oder Verkehrssponsoring (auch sog. Rubrikensponsoring), hauptsächlich geprägt durch Intro- oder Outrosponsoring mit einer Länge von jeweils ca. 7 Sekunden, hier mit Nennung des Markennamens sowie einem Zusatz ohne Kaufaufforderung. (z. B.: „Das Wetter wird Ihnen präsentiert von Kunde A. Das Sonnenscheingeschäft ganz in Ihrer Nähe.“)

- **Promotion**

  Eine Promotion ist die Steigerung eines klassischen Gewinnspiels à la „Kartenverlosung“. Sie hat eine kraftvolle Spielmechanik, passt in ihrer Aufbereitung zum Programm bzw. zu dessen Image sowie zum Kommunikationsziel des Kunden. Optimal beinhaltet sie die gesamte Klaviatur der Medialeistung eines Radiosenders. Also eine

Kombination aus Programmtrailern mit Sponsorennennung, Schaltung klassischer Radiospots, moderative Teasings mit LinerCards sowie Sponsorennennungen, Show-Opener mit Sponsorennennungen, Spielbreaks mit Sponsorennennung sowie die Einbindung der Bewerbung durch Promotionteams im Sendegebiet etc.

- **Gewinnspiele**

  Gewinnspiele werden vom Moderator direkt in die Moderation eingebunden bzw. durch moderative Teasings angekündigt. Pfiffige oder schnelle Hörer können On-Air durch die Beantwortung von Fragen – meist aus dem laufenden Programm – gesponserte Geld- oder Sachpreise gewinnen. Die Kundennennung erfolgt meist in Form eines Sponsorings.

- **Live-Reader/Live-Spot**

  Bei einem Live-Reader moderiert der Moderator die Hauptinhalte einer Werbebotschaft live. Er vermittelt so mit dieser Botschaft Programmnähe und suggeriert die Aktualität der Werbebotschaft. Grundlage hierfür ist ein vorgegebener Moderationstext unter Vorgabe des Sendeplatzes.

- **Infomercial bzw. PR-Beiträge**

  Ein als Informationssendung getarnter Werbebeitrag inkl. Sponsorennennung nach vorheriger Absprache mit der Programmseite. Achtung: Ein Infomercial muss mit einem Werbetrenner im Programm angekündigt werden.

- **Live-Take**

  Als Live-Take bezeichnet man die Übertragung einer Live-Moderation von einem Event.

- **Moderatives Teasing (auch mit LinerCard)**

  Als moderatives Teasing bezeichnet man einen grob vorgegebenen Moderationstext mit Keywords und Sponsorennennung unter Vorgabe des Sendeplatzes; auch als fest vorgegebener Moderationsbreak anhand einer LinerCard möglich. Moderative Teasings zählen zu den sehr wirksamen Sonderwerbeformen, da sie vom Hörer als außerordentlich glaubwürdig eingeschätzt werden.

Achten Sie im Interesse aller (Kunde, Hörer, Mediaberater, Radiosender) immer auf die Programmverträglichkeit!

Sonderwerbeformen machen erst Sinn, wenn das Produkt bzw. der Kunde bereits Hörfunkpräsenz hatte!

Sonderwerbeformen machen nur Sinn, wenn sie nicht inflationär eingesetzt werden!

Setzen Sie keine Sonderwerbeform zum Einstieg in das Medium Radio ein, sie sind die Sahne auf der Torte des Kunden!

Sonderwerbeformen und die Zusammenarbeit mit Programm/ Redaktion

An der Zusammenarbeit und der Kommunikation zwischen Programm und Verkauf scheitern die meisten Sonderwerbeformen. Dieser Abschnitt gibt Ihnen Tipps, wie die Kommunikation zwischen den beiden Bereichen verbessert werden kann, und worauf es bei den Ideen im Verkauf ankommt, last but not least worauf die Programmgestalter wertlegen.

Jeder Mediaberater sollte wissen: Der Programmbereich ist das Hoheitsgebiet sämtlicher Programmmacher und Redakteure! Das Programm ist ein sehr gut durchdachtes Gesamtkonzept, und darf ohne die Zustimmung des verantwortlichen Programmmachers nicht geändert oder beeinflusst werden. Mediaberater, die Sonderwerbeformen ohne vorherige Absprache mit dem Programm verkaufen wollen oder gar verkauft haben, dürfen über die dann auftretenden Probleme bei der Umsetzung bzw. Realisierung nicht verwundert sein. Daher kann ich jeden Mediaberater nur aufs dringlichste nahe legen, sich um ein gutes Miteinander sowie einen sehr guten Informationsfluss zwischen Programm und Vertrieb zu bemühen. Es ist nicht immer einfach, Kundenwünsche, Verkauf, Programminhalte und Umsatzziele miteinander zu vereinbaren. Letztendlich wird ein professioneller Umgang dem Unternehmen, den Kunden und Hörern sowie auch dem Mediaberater sehr nutzen.

Was sollte man bei der Preisgestaltung von Sonderwerbeformen beachten?

Wichtige Tipps zur Preisberechnung: Ich persönlich empfehle bei der Angebotserstellung von Trailereinsätzen mit einer minimalen Länge von 40 Sekunden einen Kundenanteil von max. 2 x 7 Sekunden zu berechnen. Hingegen werden im Falle eines moderativen Teasings in der Regel 60 Sekunden bis maximal 90 Sekunden mit dem durchschnittlichen Sekundenpreis multipliziert. Dies wird in der Praxis allerdings sehr unterschiedlich gehandhabt.

Nachfolgend möchte ich Ihnen gern einige **Praxisbeispiele** aus meiner langjährigen Hörfunk- sowie Mediaerfahrung zeigen:

Anmerkung zu den Beispielen:

Die Beispiele in diesem Handbuch wurden alle in der Praxis realisiert. Auf die realen Sendernamen habe ich aus diversen Gründen verzichtet. Hier habe ich mich für den Fantasienamen Radio Wunderbar entschieden. Diesen Sender gibt es meines Wissens nicht, falls dieser doch irgendwo auf der Welt existiert, so ist er jedoch nicht gemeint und hat mit meinem Fantasiesender nichts zu tun.

Übrigens: Alle Gewinnspiele können auch als Hörbeispiele im mp3-Format bestellt werden. Die Kontaktadresse hierfür finden Sie am Ende des Buches.

1. Beispiel

Sales-Promotion:
„Kick Dich mit Radio Wundervoll zu Deinem Fußball-TV-Abo!“

Zeitraum der Sales-Promotion:

Teasingphase:	16. August 2002 bis 18. August 2002
Aktionszeitraum:	19. August 2002 bis 30. August 2002

Kurze Spielbeschreibung:

Jeden Tag stellen wir in der Prime-Time kurz zwei Superstars der Bundesliga vor. Die beiden jonglieren dann einen Ball, und der Hörer (Zwei Hörer spielen gegeneinander) muss mitzählen, welcher Superstar in 30 Sekunden den Ball öfter jongliert bzw. ‚hochgehalten' hat. Das Ganze wird mit zwei unterschiedlichen Geräuschen gemacht. Wer die richtige Zahl tippt bzw. den besten Tipp abgibt, gewinnt. Von jedem Bundesliga-Verein tritt ein Superstar an. Damit sprechen wir dann auch alle Fußballinteressierten und Fans an. Das Spiel ist auch witzig für alle Nicht-Interessierten und entspricht der KISS-Formel („Keep It Short and Simple", d. h. Werbeinhalte sollten so kurz, einfach und leicht verständlich wie möglich gehalten werden, um erfolgreich zu sein).

Dies ist im Hörfunk für den Erfolg einer Promotion unabdingbar!

Preisaufstellung:

90 Trailerschaltungen	€
45 moderative Teasings	€
60 klassische Spotschaltungen (inkl. Reminder) à = 20+5 Sekunden	€
Mediakosten Sales-Promotion	€
abzgl. 10 % Rabatt nach Preisliste	€
abzgl. 7,5 % VIP-Kundenrabatt	€
Zwischensumme I	€
abzgl. 15 % A/E-Provision	€
Kosten Sales-Promotion I	€
zzgl. Produktionskosten (Trailermotive, Programmelemente etc.)	€
Kosten Sales-Promotion II	€
abzgl. Bereitstellung von einem Gesamtpreisgeld in Höhe von	€
abzgl. Einbindung Radio Wundervoll-Logo auf Prints zur Aktion	€
Endpreis für die Agentur (netto)	**€**
Zzgl. 16 % MwSt.	**€**
Zu zahlender Endpreis für die Agentur (brutto)	**€**

Bei schriftlicher Buchung bis Mittwoch, 7. August 2002, 17.30 Uhr erhalten Sie einen Schnellentscheiderrabatt in Höhe von 2 %.

****

2. Beispiel

Exklusives Media-Package für den Kunden A zur IAA 2005:
Radio Wundervoll präsentiert „Das exklusive IAA - Kunde A - LiveRadio"

Hintergrund

Vom 15. September 2005 bis zum 25. September 2005 findet die 61. Internationale Automobil-Ausstellung (IAA) in Frankfurt am Main statt. Alle zwei Jahre veranstaltet der Verband der Automobilindustrie e. V. die weltgrößte Automesse mit mehr als 900 Ausstellern auf 215.000 m². Wer hier seine Marke nicht entsprechend ins Bild setzt, verpasst eine einmalige Gelegenheit.

Das Programm von Radio Wundervoll - das einzige regionale Radioangebot im Beispiel-Sendegebiet, das außerdem eine kaufkräftige, gebildete sowie modern ausgerichtete Zielgruppe aufweist - und die deutsche Traditionsautomarke Kunde A möchten sich diesem ausgewählten Messepublikum und den Menschen im Beispiel-Sendegebiet mit einer exklusiven Erlebniswelt präsentieren. -> Exklusiv, interessant und erlebnisreich!

Radio Wundervoll bietet neben der klassischen Spotschaltung auch besondere Möglichkeiten im Bereich der Sonderwerbeformen sowie im Bereich der regionalen Zielgruppenausrichtung an, die im Beispiel Hörfunkmarkt unvergleichbar sind!

Der Sponsor Kunde A hat die Gelegenheit, diese Werbeformen für seine Kommunikationsziele erfolgreich zu nutzen.

Ziel der gesamten Kooperation:

- Erlebnisreiche Positionierung der Marke Kunde A auf der IAA 2005.
- Hohe Aufmerksamkeit bei Messebesuchern und bei den Hörern im Beispiel-Sendegebiet durch einen exklusiven Auftritt der Marke Kunde A auf der IAA 2005.
- Steigerung und Verbesserung der Imagewerte für die Marke Kunde A.

Die Zielgruppe von Radio Wundervoll:

- 34 - 58 Jahre, modern, gebildet, kaufkräftig.
- Radio Wundervoll hat sich seit Sendestart bereits unter die TOP X der Radioprogramme in Beispiel-Stadt gespielt und ist die Radiostation mit den momentan am schnellsten wachsenden Hörerzahlen im Beispiel-Sendegebiet.

Die Story:

Der wesentliche Bestandteil der Kooperation *"Das exklusive IAA-Kunde A-LiveRadio"* ist eine täglich neu produzierte Live-Show direkt von der IAA in Frankfurt am Main.

Montags bis freitags zwischen 10.00 und 12.00 Uhr, zwischen 16.00 und 18.00 Uhr sowie am Wochenende zwischen 13.00 und 16.00 Uhr berichtet *„Das exklusive IAA–Kunde A–Live-Radio"* direkt aus dem eigens dafür installierten Radio Wundervoll-Funktower vom Ausstellungsstand des Kunden A.

Short-Media-List:

- 22 Live-Shows direkt von der Messe.
- Radio Wundervoll-IAA-Verkehrsservice: In Anbetracht der hohen Besucherzahlen zur IAA 2005 bietet Radio Wundervoll seinen Hörern diesen zusätzlichen Service an und sendet an den Messetagen halbstündlich den Radio Wundervoll-Verkehrsservice: *„Radio Wundervoll-IAA-Verkehrsservice präsentiert von Kunde A – Claim Kunde A"*. (Montags bis sonntags in der Zeit von 09.00 bis 18.00 Uhr halbstündlich – immer um Viertel vor und Viertel nach).
- 88 Outro-Sponsoring-Schaltungen mit einer maximalen Länge von 7 Sekunden (Name des Sponsors plus Zusatz ohne Kaufaufforderung).

Der Radio Wundervoll X BIZZ-Report:

Der Sponsor Kunde A bekommt die exklusive Möglichkeit, sich in einem zielgruppenaffinen Programmumfeld - im sogenannten „Radio Wundervoll BIZZ-Report" ansprechend zu präsentieren. Dieses redaktionelle Umfeld steht dem Sponsor montags bis freitags 2 x täglich, jeweils 11.45 und 17.45 Uhr, sowie samstags und sonntags jeweils 13.45 und 15.45 Uhr zur Verfügung.

Radio Wundervoll stellt dem Kunden A vor Ort den Radio Wundervoll-IAA-Reporter zur Verfügung, der täglich direkt von der weltgrößten Automesse das Neueste aus der Welt der Autos berichtet.

Short-Media-List:

- 22 Infomercials mit einer maximalen Länge von 90 Sekunden.
- Mindestens 121 Trailerschaltungen im Programmumfeld: Exklusive und mindestens zweifache Einbindung des Sponsors in den Programmtrailer, z. B. „Täglich mit Kunde A und Radio Wundervoll live auf der IAA in Frankfurt *zzgl. Zusatz ohne Kaufaufforderung mit einer maximalen Länge von 7 Sekunden.*" oder „Kunde A – *Claim Kunde A – Jetzt täglich mit dem IAA-Kunde A-LiveRadio von der Automesse IAA! - Zusatz ohne Kaufaufforderung mit einer maximalen Länge von 7 Sekunden.*" Die Trailerlänge beträgt mindestens 35 Sekunden.

Einsatz der Programmtrailer:

Ebenso ist es möglich, das Audio-Logo des Sponsors im Programmtrailer einzubinden. Der Programmtrailer ist als aufmerksamkeitsstarker Programmhinweis zu verstehen und läuft immer unmittelbar vor einem Werbeblock.

In der sog. *Teasingphase* (vor Start der Aktion/Messe):

5 Tage mindestens 6-mal täglich eine Programmtrailerschaltung zwischen 06.00 und 19.00 Uhr.

In der sog. *Aktionsphase* (während der Aktion/Messe):

13 Tage mindestens 7-mal täglich eine Programmtrailerschaltung zwischen 06.00 und 19.00 Uhr.

Short-Media-List:

- Klassisches Sendungssponsoring: Programmelement "Verkehrsnachrichten", mindestens 29 Verkehrsmeldungen am Tag, hier im kompletten September 2005, sogenanntes Introsponsoring (akustisches Programmelement am Anfang des Serviceelementes), z. B. *„Radio Wundervoll Verkehr präsentiert von Kunde A mit allen Informationen zur Verkehrslage an der Messe sowie um die Messe".*

Insgesamt mindestens 870 Sponsorschaltungen im Intro-Teil. Das Sendungssponsoring wird von Radio Wundervoll für den Kunden A bis zum 2. Mai 2005 optioniert.

- Mindestens 70 klassische Spotschaltungen á maximal 25 Sekunden: Die Werbespots werden in Anlehnung an die Programmtrailer produziert. Hier muss eine deutliche akustische Zugehörigkeit zu den anderen Kunde A-Aktionen im Programm transportiert werden. Das erhöht die mediale Intensität und wird den Erfolg der gesamten Kampagne steigern.

Einsatz der klassischen Spots:

Die klassischen Werbespots werden zwei Tage vor sowie während dem Aktionszeitraum und einen Tag nach der IAA mindestens 5-mal täglich (montags bis sonntags) zwischen 6.00 und 18.00 Uhr eingesetzt.

Die Spots laufen jeweils in den Stunden in denen a) keine Programmtrailer eingesetzt werden und b) keine Live-Reportage stattfindet. Dies garantiert eine kontinuierliche Präsenz des Kunden und baut die Reichweite der Kampagne aus. Die Produktion des Werbepots wird in Absprache mit dem Kunden von Radio Wundervoll übernommen.

Produktion der Programmelemente (Trailer, Sponsorings, Spot etc.)

Es werden drei verschiedene Programmtrailermotive, ein Intro (akustisches Erkennungszeichen zu Beginn einer Berichterstattung mit einmaliger Sponsorennennung), ein Outro (akustisches Erkennungszeichen zum Ende einer Berichterstattung mit einmaliger Sponsorennennung) sowie ein Programmelement zum Verkehrssponsoring produziert. Damit ein stimmiges Klangbild gewährleistet ist, wird auch die Produktion des Werbespots in Absprache mit dem Kunden von Radio Wundervoll übernommen. Es werden zwei Spotmotive produziert!

Internetgewinnspiel auf www.radio-wundervoll.de

Radio Wundervoll setzt in der Zeit vom 13. September 2005 bis 25. September 2005 einen „Special-Voucher" für die Besucher der IAA auf www.radio-wundervoll.de. Mit diesem „Special-Voucher" hat man z. B. die Möglichkeit, am Messestand von Kunde A ein „Kunde A-Surprise-Package" zu bekommen und ein Treffen mit Moderator Y auf der IAA zu gewinnen. Die Promotion-Aktion wird durch die Moderatoren des Senders - in Form von mindestens 30 sog. moderativen Teasings - im Programm von Radio Wundervoll sowie auf der Internetpräsenz von Radio Wundervoll angemessen beworben. Sämtliche Programmierungen sowie redaktionelle Aufbereitungen werden von Radio Wundervoll in Absprache mit dem Kunden übernommen.

Short-Media-List:

- 30 moderative Teasings nach LinerCard-Vorgabe mit Sponsorennennung.
- Kunde A und Radio Wundervoll bringen Stars zur IAA: An einem ausgewählten Tag begleitet der bekannte Moderator Y exklusiv einen Hörer von Radio Wundervoll beim Besuch der diesjährigen IAA im Kunde A-Ausstellungsareal. Im Anschluss gibt es eine Autogrammstunde mit Moderator Y am Radio Wundervoll-Funktower (Kunde A-Ausstellungsstand). Mit Kunde A und Moderator Y bzw. Radio Wundervoll entdeckt der Gewinner die Kunde A-Welt aus einer anderen Perspektive.

Das Investment:

- Installation Funktower in der Messehalle
- Veranstaltungshaftpflichtversicherung
- Technik von Kunde A
- Präsentationsmöglichkeit für Radio Wundervoll
- Gema
- Mediapaket wie oben beschrieben (Punkt 1. bis 7.)

► **Variante 1:**

Gesamtsumme Netto inkl. Verkehrssponsoring €

zzgl. xx % MwSt. €

Bruttogesamtsumme inkl. Verkehrssponsoring €

► **Variante 2:**

Gesamtsumme Netto ohne Verkehrssponsoring €

zzgl. xx % MwSt. €

Bruttogesamtsumme ohne Verkehrssponsoring €

Es gelten die beiliegenden Allgemeinen Geschäftsbedingungen von Radio Wundervoll. Das Angebot ist gültig bis einschließlich 1. September 2005.

Bei einer schriftlichen Beauftragung bis zum 15. August 2005 erhält der Kunde einen Early-Bird-Vorteil in Höhe von 2 % auf die Gesamtsumme. Das Angebot ist nicht weiter rabattfähig.

****

3. Beispiel

Exklusives Sales-Produkt: „Bodo – Die Baumarktshow“

Die Story:

Das neue und spannende Sales-Produkt „Bodo – Die Baumarktshow“ ist eine 30-minütige Serviceshow für die Themenbereiche „Bauen“, Heimwerken“ und „Garten“.

„Haben Sie sich nicht auch schon mal gefragt, wie man ein Loch in eine Badfliese bohren kann?“

Bodo ist ein hauptberuflicher Handwerksallrounder, der in der Sendung vom Moderator unterstützt wird und fast jede Frage der Hörer in diesem Bereich beantworten kann.

„Waren Sie einmal samstagvormittags im Baumarkt oder Gartencenter?“

Laut einer aktuellen TNS-Emnid-Umfrage bekennen sich 74 % der Deutschen als sogenannte Weekend Warriors (Menschen, die in ihrer Freizeit bevorzugt das Umgestalten und Veredeln ihrer vier Wände als Aufgabe sehen).

Kurzbeschreibung:

Jeweils samstags von 10:00 Uhr bis 10:30 Uhr beantwortet der Handwerk-Experte Bodo den Hörern Fragen rund ums Handwerkeln.

Gesamtzeitraum:

Mindestbuchung 26 KW (6 Monate)

Medialeistung:

- 234 Trailerschaltungen (donnerstags bis freitags, je vier Trailer).
- 26 Sendungen insgesamt.
- Mind. jeweils drei Sponsorennennungen pro Sendung (z. B. „Bodo die Baumarktshow auf Radio Wundervoll wird Ihnen präsentiert von Kundenname plus Zusatzaussage“).
- Moderative Teasings mit Einbindung einer Sponsorennennung durch den Moderator.
- Interneteinbindung auf www.radiowundervoll.de mit der Möglichkeit, die aktuellen Angebote wöchentlich zu präsentieren.

- Produktionen (Trailerproduktion, Intro- und Outrosponsorings sowie Verpackungselemente)

Kosten:

Einführungssonderpreis (netto):	€
zzgl. 16 % MwSt.	€
Gesamtsonderpreis (brutto)	**€**

Vorteile:

- Bis jetzt einmalig im deutschen Radiomarkt! Seien Sie der Erste!
- Eine perfekt harmonische Verknüpfung von Redaktion und Sales!
- Für Sie gibt es eine Vielzahl von Möglichkeiten, aktuelle Angebote zu bewerben!
- Nutzen Sie diese Möglichkeit, um Ihre Imagewerte zu verbessern!
- Alle Hörerfragen werden in Absprache mit dem Kunden und in Anlehnung an sein aktuelles Produkt-Portfolio vorbereitet und in der Sendung entsprechend platziert.
- Die Platzierung der Baumarktshow erfolgt zur idealen Sendezeit. *Jeweils samstags zwischen 10:00 und 10:30 Uhr ... zu der Zeit, in welcher die meisten Menschen den Baumarkt aufsuchen.*

Beispiel Sendeablauf:

- 10:00 Uhr Nachrichten
- 10:03 Uhr Werbeblock
- 10:05 Uhr Showopener
- 10:05 Uhr **Intro mit Sponsorennennung**
- 10:06 Uhr *Titel*
- 10:10 Uhr **Intro mit Sponsorennennung**
- 10:10 Uhr Moderation mit Fragen und Antwort, Teil I
- 10:14 Uhr **Outro mit Sponsorennennung**
- 10:14 Uhr *Titel*
- 10:17 Uhr **Jingle „Bodo, die Baumarktshow“ mit Sponsorennennung**
- 10:17 Uhr Moderation mit Fragen und Antwort, Teil II
- 10:21 Uhr **Outro mit Sponsorennennung**
- 10:21 Uhr *Titel*
- 10:24 Uhr **Jingle „Bodo, die Baumarktshow“ mit Sponsorennennung**
- 10:24 Uhr Moderation mit Fragen und Antwort, Teil III
- 10:27 Uhr **Outro mit Sponsorennennung**
- 10:27 Uhr *Titel*
- 10:30 Uhr Verkehr

****

Versponserte Programmelemente

Radioprogramme spielen jede Menge Musik. Warum dem Kunden also nicht besonders angesagte Titel mit einem Intro-Sponsoring zugänglich machen? Was spricht für diese Sonderwerbeform?

Erstens: Sie ist für den Hörer nicht störend, da sie in den Musikfluss eingebettet wird und maximal sieben Sekunden dauert. Besonders geeignet sind Titel mit einem langen Ramp.

Zweitens: Der Kunde erhält im exklusivsten Programmumfeld ein äußerst attraktives Sponsoringelement und kann im besten Fall noch ein Stück vom Image des gespielten Musiktitels auf sich übertragen.

Drittens: Es ist leicht in den Sendeplan einzuplanen. Sprich: Die Programmplanung hat nicht viel Arbeit mit dieser Sonderwerbeform.

Und viertens: Es bringt dem Sender Umsatz, mit einem Programmelement, welches für ihn elementar ist.

Nachfolgend gebe ich ein Beispiel, wie solch eine Angebotsgestaltung aussehen könnte:

4. Beispiel

Exklusiv-Sponsoring „Der Super-Sommerferienhit des Tages!" auf Radio Wundervoll

Hier handelt es sich um einen Toptitel aus dem Musikprogramm von Radio Wundervoll. Der „*Super-Sommerferienhit des Tages!*" läuft mindestens viermal täglich (montags bis sonntags).

Medialeistung:

- Introsponsoring mit einer maximalen Länge von sieben Sekunden (Nennung des Markennamens plus eines erläuternden Zusatzes ohne Kaufaufforderung), täglich vier garantierte Schaltungen zwischen 06.00 und 21.00 Uhr.

  → Garantierte 980 Gesamtsekunden.

Zeitraum:

vom 15. Juli 2002 bis 18. August 2002

Sonderpreis:

Sonderpreis (netto) inkl. Produktionskosten	€
zzgl. 16 % MwSt.	€
Gesamtsonderpreispreis (brutto) inkl. Produktionskosten	**€**

Sonstiges:

Die Produktionselemente werden von Radio Wundervoll – in Absprache mit dem Kunden – produziert. Das Angebot ist nur bis zum 10. Juli 2002 gültig. Ansonsten gelten unsere „Allgemeinen Geschäftsbedingungen" sowie unsere aktuelle Preisliste vom 01.01.2002. Auf die genannten Sonderpreise können keine weiteren Rabatte gewährt werden.

****

5. Beispiel

Gewinnspiel: „XYZ-Fastfood spielt 17+4"

Hintergrund/Ablauf Gewinnspiel

Unsere Hörer spielen mit dem Moderator das beliebte Kartenspiel 17+4. Der einzige Unterschied: Es handelt sich nicht um normale Spielkarten, sondern um XYZ-Fastfood-Produkte (z. B. Burger, Pommes, Cola etc.). Der Hörer muss hierbei drei Karten ziehen. Die gezogenen Produkte sowie die Wertigkeiten der „Spielkarten" werden im Spielverlauf immer vom Moderator mitgeteilt. Bleibt der Hörer bei seiner Ziehung unter 21 Punkten, so gewinnt er die gezogenen Produkte. Geht die Punktzahl über 21 Punkte hinaus, hat er leider verloren. Den genauen Spielmodus erhalten die Moderatoren der betroffenen Sendungen.

Zeitplan

Aktionsphase: vom 1. März bis 31. Mai 2001 (montags bis freitags).

Preise

Verschiedene XYZ-Fastfood-Produkte vom Burger bis zur Cola.

Spiel-Claim

„XYZ-Fastfood aus Wunderhausen spielt 17+4 auf Radio Wundervoll"

Ablauf on-air, werktags (jeweils montags bis freitags):

Ca. 18:12 Uhr	2. Moderationsbreak	Teasing der Spielrunde mit „17+4 Talkover" (als Aufruf zur Spielteilnahme), bitte LinerCard verwenden!
Ca. 18:18 Uhr	3. Moderationsbreak	Spiel „XYZ-Fastfood spielt 17+4 auf Radio Wundervoll"

****

6. Beispiel

Sponsoring „Die Radio Wundervoll Celcius-Melder"

Die Medialeistung:

Schaltzeiten: montags bis freitags, dreimal täglich, jeweils einmal zwischen 9.00 und 10.00 Uhr, 13.00 und 14.00 Uhr sowie 18.00 und 19.00 Uhr eine Sponsorennennung ohne Zusatz gesprochen durch den Moderator bzw. einmal pro Tag einen vorproduzierten Take mit einem Kunden-O-Ton (Bsp.: *„Hier ist Peter Petersen von der Bank Wunderhausen und bei uns auf dem Vorplatz der Bankfiliale in Wunderhausen sind es jetzt bei leichtem Regen genau 17,5° Grad!"*). Der Kunden-O-Ton rotiert.

Special für den Partner bzw. Kunden: Die Sponsorennennung findet höchste Aufmerksamkeit u. a., weil sie

a) im redaktionellen Umfeld stattfindet und

b) im Wetterteil positioniert wird, der generell einen hohen Aufmerksamkeitsgrad erreicht.

Es fallen keine Produktionskosten an! Kurze Vorlaufzeit: Kunde kann bis 24 Stunden vor dem ersten Einsatz buchen!

Die Kunden/Partner-Voraussetzung: Der Kunde muss mindestens zwei oder mehr Filialen im Radio Wundervoll-Sendegebiet haben. Der Mindestbuchungszeitraum beträgt zwei Wochen.

Ansonsten gelten die aktuellen Preise und die „Allgemeinen Geschäftsbedingungen" von Radio Wundervoll.

****

7. Beispiel

„Kaufen Sie sich einen Tag Radio Wundervoll“

Sie denken, das geht nicht? Für unsere Kunden machen wir fast alles möglich! Unvergleichbar und wahrscheinlich deutschlandweit einzigartig! Einen Tag schalten wir ausschließlich Ihre Radiowerbung!

Medialeistung Master-Package:

- Zwischen 06:00 Uhr und 19:00 Uhr pro Sendestunde zwei Spotschaltungen (30 Sekunden). Insgesamt 26 Spotschaltungen an einem Tag!
- Jede Sendestunde ein Intro „Heute präsentiert Ihnen „Kunde A“ Radio Wundervoll. „Kunde A“ ist immer für Sie da!“. Insgesamt dreizehn Introschaltungen (à max. sieben Sekunden Sponsoranteil).
- Bannerplatzierung und redaktioneller Hinweis auf www.radiowundervoll.de für insgesamt sieben Tage.

zusätzlich beim GrandMaster-Package:

- Stündlich zwischen 07:00 Uhr und 17:00 Uhr ein moderatives Teasing mit Sponsorennennung durch den Moderator. Insgesamt zehn moderative Teasings.

Zeitraum:
Ein Sonntag Ihrer Wahl nach Abstimmung mit der Werbezeitendisposition.

Sonderpreise:

Master-Package = €
GrandMaster-Package = €

Sonstiges:

Produktionselemente werden von und auf Kosten von Radio Wundervoll – in Absprache mit dem Kunden – produziert. Das Angebot ist nur bis zum 24. Juni 2005 gültig! Ansonsten gelten unsere „Allgemeinen Geschäftsbedingungen“ und unsere aktuelle Preisliste. Alle Preise sind Nettopreise und verstehen sich zzgl. der gesetzlichen MwSt. Auf die genannten Sonderpreise können keine weiteren Rabatte gewährt werden.

****

8. Beispiel

Mehr Umsatz am verkaufsoffenen Sonntag mit der

„FÜNF MAL FÜNF - AKTIONSKARTE“

Machen Sie mit, bei der großen „FÜNF MAL FÜNF“-Aktion! Shoppen mit Radio Wundervoll am verkaufsoffenen 1. Adventssonntag in der Beispiel-City!

Tolle Sonderwerbeform, um den Einzelhandel vor Ort von der Abverkaufsstärke der Radiowerbung zu überzeugen!

Kurzbeschreibung der Aktion:

Radio Wundervoll unterstützt gemeinsam mit fünf Händlern das Weihnachtsgeschäft zum verkaufsoffenen 1. Advent. Die Hörer von Radio Wundervoll erhalten bei Vorlage der **„FÜNF MAL FÜNF – Aktionskarte“** in den fünf teilnehmenden Geschäften jeweils einen Preisvorteil in Höhe von 5,00 €. Bei fünf Einkäufen in den fünf teilnehmenden Shops macht das einen Preisvorteil von insgesamt 25,00 €. Die **„FÜNF MAL FÜNF –Aktionskarte“** kann man auf www.radiowundervoll.de downloaden bzw. einfach ausdrucken oder in den teilnehmenden Shops bzw. direkt bei Radio Wundervoll erhalten.

Leistungen seitens Radio Wundervoll:

- **100 Trailerschaltungen** vom 18. November 2005 bis zum 27. November 2005 mit jeweils zehn Trailerschaltungen täglich zur Bewerbung der „FÜNF MAL FÜNF“-Aktion. Alle Trailerschaltungen jeweils mit einer Sponsorennennung.
- **20 sog. moderative Teasings** durch die Moderatoren von Radio Wundervoll im Programm vom 24. November 2005 bis zum 27. November 2005, mit jeweils fünf moderativen Teasings täglich und jeweils einer Sponsorennennung.

- Konzeption und Druck der **„FÜNF MAL FÜNF – Aktionskarte"** (Druck von mindestens **10.000 Stück**).
- **Einbindung** der gesamten Aktion **in das Programm von Radio Wundervoll.**
- **Verteilaktion der Aktionskarten** durch ein Radio Wundervoll-Promotion-Team am Samstag, 26. November 2005 in der Radio Wundervoll-City Innenstadt.
- Programmierungen zur Aktion auf www.radiowundervoll.de.
- Übernahme der **Trailerproduktion.**
- **Redaktionelle und werbliche Einbindung** der „FÜNF MAL FÜNF" – Aktion auf www.radiowundervoll.de mit entsprechender Verlinkung zu den einzelnen Sponsoren.

Investitionssumme pro Teilnehmer lediglich : €

Da die Aktion auf fünf Teilnehmer limitiert ist, verfahren wir bei der Vergabe der Sponsorenplätze nach dem Eingang der Beauftragung. Das Angebot ist gültig bis zum 10. November 2005. Weitere Rabattierungen sind nicht möglich. Es gelten die Allgemeinen Geschäftsbedingungen von Radio Wundervoll.

****

Radio trifft Print

Jedes Medium hat bekanntlich seine Vor- und Nachteile. Hierbei geht es jedoch auch zusätzlich darum, auf lokaler Ebene Print und Hörfunk erfolgreich zu kombinieren. Nachfolgendes Praxisbeispiel zeigt, wie erfolgreich und wunderbar dies gelingen kann.

Die Kampagne für eine Einkaufspassage im Herzen der Wunderhausener City zeigt, wie sinnvoll es sein kann, mit einem lokalen Print-Partner zusammenzuarbeiten. Die Einkaufspassage - sowohl ein langjähriger Anzeigenkunde der Wunderhausener Zeitung als auch ein Kunde des regionalen Hörfunkanbieters Radio Wundervoll - ließ sich auf eine Medienkombination ein und nutzte die Vorteile beider sehr erfolgreich. Die Marketing- sowie Programmabteilung von Radio Wundervoll und die Anzeigenabteilung der Wunderhausener Zeitung gestalteten gemeinsam für diesen Kunden eine Kampagne über sechs Monate, vom Frühjahr bis zum Herbst. Unter Einbeziehung örtlicher Möglichkeiten der sehr schön zentral gelegenen, komplett überdachten Einkaufspassage - sie verfügt über eine sehr gut nutzbare Ausstellungsfläche - wurde eine Aktion gemeinsam mit den Autohändlern der Region kreiert. Diese Ausstellungsfläche wurde sodann für jeweils zwei Wochenenden im Monat an die an der Kampagne beteiligten Autohäuser aus der Region vermietet. Eines der Autohäuser bekam somit die Möglichkeit, an dem jeweiligen Wochenende seine neuesten Fahrzeugmodelle zu präsentieren. Radio Wundervoll schnürte hierfür gemeinsam mit der Wunderhausener Zeitung Media-Pakete. Hierzu gehörten Anzeigen in der Zeitung sowie Werbespots und Trailerschaltungen im Hörfunk. Das Thema des Autohauses wurde in beiden Medien zusätzlich redaktionell bearbeitet. Es erfolgte von allen Beteiligten die Logoaufnahme in der Tageszeitung. Werbespots sowie Trailer wurden unter Einbindung des Audio-Logos der Einkaufspassage ausgestrahlt. Zusätzlich waren seitens Radio Wundervoll sowie der Wunderhausener Zeitung Promotionstände mit entsprechenden Promotionteams vor Ort.

Für den gemeinsamen Kunden beider Medien war diese Kampagne ein riesiger Erfolg, sie brachte ihm einen unwahrscheinlichen Imagegewinn und große Abverkaufserfolge. Sie lockte Besucher sowie potentielle Kunden in die Einkaufsgalerie. Die ausstellenden Autohäuser konnten ebenfalls Kunden ansprechen, die wahrscheinlich nie die Möglichkeit genutzt hätten, gerade diese Autohäuser aufzusuchen, bzw. die diese Autohäuser überhaupt nicht kannten. Die gesamte Kampagne war in ihrer Durchführung so professionell, dass sie bereits seit Jahren erfolgreich wiederholt wird.

Wenn ein Kunde über Budgetmöglichkeiten für beide Medien verfügt, sollte jeder Mediaberater kreativ sein und Angebote in Kooperation mit dem Print-Anbieter gestalten. Es ist zum Vorteil aller am Prozess beteiligten Partner.

Somit kann der Kunde die Vorteile beider Medien effizient für sich nutzen:

Vorteile Hörfunk (→ Stärken des Hörfunks, S. 29)

- Schneller Reichweitenaufbau, rasche Verfügbarkeit/Schnelligkeit!
- Die Werbebotschaft erreicht den Hörer überall (vom Schlafzimmer bis ins Auto).
- Zielgruppenspezifisch steuerbar durch die Auswahl von Programmen und Zeiten.
- Regionale Steuerung des Werbedrucks möglich.
- Schnelle Penetrationsmöglichkeit für leicht verständliche Botschaften.
- Ermöglicht eine günstige Reaktivierung von Anzeigen/TV-Spots (Visual Transfer-Effekt).

Vorteile Print:

- Kundenklientel ist durch die Wahl der Leser bestimmbar.
- Hohe Auflage.
- Traditionell.
- Hohe Glaubwürdigkeit.
- Regionales Umfeld wird erreicht.

Als **Media-Mix** bezeichnet man den Mediaeinsatz in mehreren Mediagattungen (Zeitung/Zeitschrift, Hörfunk, Fernsehen, Plakat, Kino, Online). Weiterhin wird festgelegt, welche Aufgaben die einzelnen Mediagruppen im Rahmen der Kampagne erhalten und wie das zeitliche Zusammenspiel laufen soll. (Bsp. Hörfunk und Tageszeitung: Die Unterstützung von fest terminierten Verkaufsaktionen: Preisaktionen, Sonderangebote, Promotion-Maßnahmen).

Tipp:
Besonders im lokalen/regionalen Markt (aber auch national) erzielt man mit der Kombination dieser beiden Medien hervorragende Ergebnisse.

Nutzung Radio und TV – zwei Medien ergänzen sich

Mediennutzung im Tagesverlauf

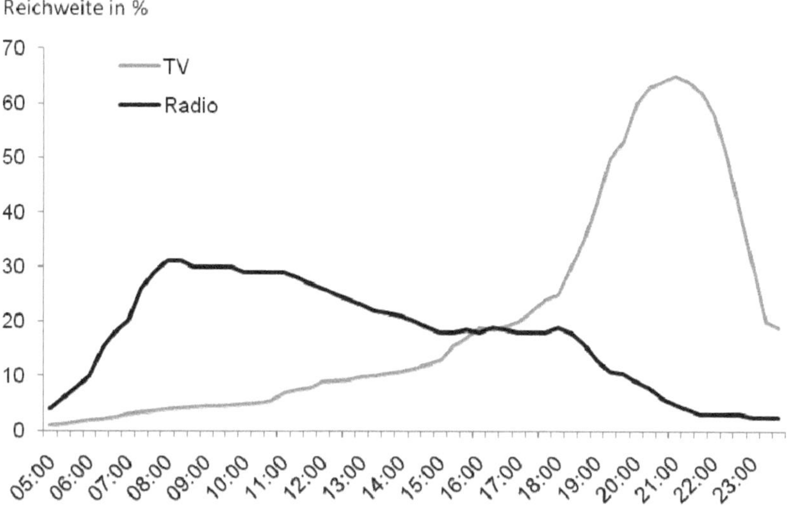

Quelle: ARD/ZDF- Langzeitstudie Massenkommunikation 2010

Während Radio als Nebenbei-Medium vor allem tagsüber genutzt wird, findet Fernsehen weiterhin in den Abendstunden seinen größten Anklang. In der Verknüpfung von Radio und TV-Kampagnen sind Visual-Transfer-Effekte wunderbar einzusetzen. Fernsehkampagnen können so – wie bereits erwähnt - durch die gleichen akustischen Signale im Radio in Erinnerung gerufen werden.

Wenn Sie als Mediaberater im lokalen/regionalen Markt arbeiten, dann wird TV-Werbung i. d. R. für Ihre Kunden keine beachtenswerte Rolle spielen.

4. Der Schlüssel zum Kunden
– Erfolgreiche Kommunikation im Kundengespräch –

Was ist das Geheimnis einer gelungenen Kommunikation?

In diesem Kapitel möchte ich Ihnen gerne das Thema NLP (Neuro-Linguistisches Programmieren) näher bringen und zeigen, wie Sie dies sehr erfolgreich in Ihr Kundenbeziehungs-Management einbinden können.

4.1 Non-verbale Kommunikation

Wenn ich mit einem Gesprächspartner kommuniziere, so beträgt der Anteil der verbal vermittelten Information (Sachebene), die bei meinem Gegenüber ankommt, höchstens 10 % bis 25 %. Die nonverbale Kommunikation spielt demnach bei einem Gespräch unter vier Augen die größte Rolle, nämlich mindestens 75 % bis 90 %!

Die nonverbale Kommunikation spielt bei einem Gespräch unter vier Augen die größte Rolle!

In den meisten Fällen hat ein Kunde dem Auftrag bereits lange vor der Unterschrift non-verbal zugestimmt!

4.2 Rapport und Vertrauen

Indem Sie Rapport herstellen, schaffen Sie zu Ihrem Gesprächspartner eine freundliche Beziehung und eine Vertrauensbasis für die weitere Interaktion.

Rapport herstellen bedeutet, ganz präsent und aufmerksam zu sein und zu warten, bis der andere merkt, dass man da ist. Eine Intervention kann erst gelingen, wenn Sie zuvor Rapport hergestellt haben.

Schwingen Sie sich also auf die Gefühlswelt Ihres Gegenübers ein, respektieren Sie ihn und begeben Sie sich auf seine Ebene. Holen Sie

Ihren Gesprächspartner da ab, wo er steht. Hierfür ist die Fähigkeit zu Flexibilität von großer Wichtigkeit!

Um Rapport herzustellen, brauchen Sie die Fähigkeit, an Ähnlichkeiten anzuknüpfen, die Sie mit Anderen teilen. Menschen vertrauen sich gegenseitig, wenn sie Ähnlichkeiten wahrnehmen. Hervorragende Verkäufer und Berater haben eine enorme Wahrnehmungsgenauigkeit entwickelt, so dass sie während ihrer Präsentation erkennen können, welche Beziehung zwischen den Körperbewegungen ihres Kunden und seinem Interesse an dem Produkt oder der Dienstleistung besteht. Vergessen Sie die lächerlichen und gefährlichen Behauptungen, man könnte jeder Körperbewegung eine universelle Bedeutung zuschreiben. Über die Brust gekreuzte Arme bedeuten keineswegs immer Unzufriedenheit oder Missbilligung. Das kann es zwar bedeuten, jedoch kann es genauso gut ein Zeichen dafür sein, dass Ihr Gegenüber friert, dass alle in seiner Familie so stehen, oder gar, dass er einen Fleck auf seinem Sakko hat, den er verdecken möchte. Allerdings kann man die Körperbewegungen seines Gegenübers in Einklang mit den eigenen bringen und somit non-verbal vermitteln, dass man so ist wie er. Dies schafft Vertrauen auf einer non-verbalen Ebene.

Vorgenanntes vollzieht sich vor allem auf der Verhaltensebene. Auch höhere (psychologische) Ebenen werden eingebunden, da z. B. über den Inhalt des Gesprächs und die nonverbalen Signale auch Fähigkeiten, Werte, Identität und Zugehörigkeit ausgedrückt werden können.

Einen tiefen Rapport herzustellen, ist ein ganzheitlicher Prozess, der absolute Präsenz und Zugewandtheit erfordert.

Bei einer tiefen Begegnung sind sodann auch unbewusste Schichten, man spricht hier von höheren neurologischen Ebenen (Werte, Identität, Spiritualität) beider Personen stärker beteiligt. Es entsteht etwas Neues, Eigenes, Unvorhersehbares. Das ist es, was echten Kontakt spannend und kreativ macht.

4.3 Pacing und Leading

Was bedeutet Pacing und Leading?

In einer Kontaktsituation stellen Sie Rapport - also eine Beziehung - her, indem Sie das beobachtbare Verhalten des Anderen „pacen". Das heißt, wie bereits erwähnt, Sie passen sich dem Verhalten ihres Gegenübers an.

Das Pacing funktioniert auf einer tiefen Ebene unbewusst. Ihr Gegenüber reagiert - in der Regel ohne es zu bemerken - positiv darauf, dass Sie seine verbalen und nonverbalen Signale aufnehmen und darauf eingehen.

Haben Sie durch non-verbales Pacing Übereinstimmung erreicht, befinden Sie sich bereits auf dem besten Weg zu einer verbalen Übereinstimmung.

Beim Pacen können Sie die Bewegungen des Anderen ansatzweise aufnehmen und sich ihm in Sprache und Mimik angleichen. Entsteht hierdurch ein Rapport, so fühlt sich Ihr Gegenüber in seinem Sein angenommen. Sie können nun durch langsame Veränderungen Ihrer verbalen und nonverbalen Signale kleine Richtungsänderungen initiieren (Leading). Sinnbildlich nehmen Sie Ihren Gesprächspartner an die Hand, um dahin zu gehen, wo er selbst eigentlich hin möchte.

Es lohnt sich, wenn Sie sich die Zeit nehmen, Ihren Kunden so lange zu pacen, bis Sie einen hervorragenden Rapport - „eine gute Beziehung" - hergestellt haben. Dann erst können Sie zum Leading übergehen und so Ihren Kunden wirkungsvoll lenken bzw. den Gesprächsverlauf führen.

Hinweis: Allerdings Menschen dahin zu bringen, wo sie selbst nicht hin wollen, ist dauerhaft nicht effektiv und damit nicht nachhaltig!

Was können wir pacen?

Körperbewegungen

Körperbewegungen und Körpergesten sind ein individueller Ausdruck der Person und können nicht einer allgemeinen Bedeutung zugeordnet werden. Das Pacen von Körperbewegungen bedeutet, sich in Einklang zu bringen mit den Bewegungen des Gegenübers. Dies geschieht unbemerkt, indem Sie die Bewegungen und Haltungen des Anderen, zunächst ansatzweise spiegelnd, aufnehmen.

Sprache

Achten Sie sorgfältig auf die Stimme Ihres Gegenübers, und passen Sie Ihre eigene Stimme an, wie es Ihnen durchführbar und angebracht erscheint.

Sie können pacen:

- die Klangfarbe (tief - hoch)
- das Tempo (langsam – schnell)
- die Lautstärke (leise – laut)
- den Akzent
- Lieblingsausdrücke
  (z. B. Fachausdrücke, die sich auf Hobbys beziehen)

Stimmungen

Durch Einfühlungsvermögen nehmen Sie die Stimmung Ihres Gegenübers auf und kreieren eine Atmosphäre, die nicht im Gegensatz zu seiner emotionalen Verfassung steht. Bei einer schlechten Verfassung des Gegenübers sollten Sie lange genug pacen, um ihn dadurch zu entlasten, ihn langsam herauszuführen und in eine bessere Stimmung zu versetzen.

Haben Sie Ihren Klienten da abgeholt, wo er steht, können Sie ihn führen (Leading) und in eine positive ressourcenvollere Stimmung bringen. Hat beispielsweise Ihr Kunde ohnehin schon eine positive oder gar euphorische Stimmung, können Sie diese natürlich aufnehmen, verstärken und für die Verkaufssituation nutzen.

Meinungen und Überzeugungen

Es ist in der Regel möglich, Ihren Kunden auch bezüglich seiner Meinungen und Überzeugungen zu pacen, auch wenn Sie eine andere Einstellung haben. Die Grundvoraussetzung ist, dass Sie Ihr Gegenüber als Person vollkommen achten und respektieren. Beim Pacen von Meinungen brauchen Sie sich nicht anzubiedern, sondern können Ihre Integrität bewahren, indem Sie die Aspekte aufgreifen, mit denen Sie wirklich übereinstimmen. So finden Sie immer einen ehrlichen Konsens, sei er auch noch so minimal.

Atmung

Unsere Atmung ist direkt und untrennbar mit unserem emotionalen Zustand verbunden. Es ist praktisch unmöglich, tief und regelmäßig zu atmen und sich dabei angstvoll oder verspannt zu fühlen.

Wenn Sie sich dem Atemrhythmus einer anderen Person angleichen, kann eine subtile enge Verbindung auf der emotionalen Ebene entstehen. Nehmen Sie hierfür Ihr Gegenüber sorgfältig wahr und pacen Sie die Atmung zusammen mit den Körperbewegungen.

Pacing-Aussagen

Pacing-Aussagen helfen, eine Gemeinsamkeit mit einer anderen Person herzustellen. Sie können Pacing-Aussagen auch einsetzen, um ähnliche Interessen und Erfahrungen auszudrücken.

Der gelungene einleitende Smalltalk in einer Verkaufssituation ist für den weiteren Verlauf entscheidend. Anknüpfungspunkte können konkrete sinnliche Wahrnehmungen oder auch Gemeinplätze (unbestreitbare wahre Aussagen) sein.

Inwieweit können wir uns als Erwachsene überhaupt noch verändern? Was muss geschehen, damit wir erwünschte Veränderungen wirksam vollziehen können?

Es ist belegt, dass wir nur einen kleinen Teil unserer Gehirnkapazität ausschöpfen und große Potentiale ungenutzt bleiben bzw. noch aktiviert werden können.

Veränderungen, die sich ganzheitlich auf allen neurologischen Ebenen vollziehen, wirken sich auch tiefgreifend auf die Strukturen im Gehirn aus. Durch intensives Lernen werden neue Bahnen geschaffen. Diese Veränderungen können sich sogar - wissenschaftlich nachgewiesen - bis hinein in die genetischen Strukturen auswirken: Bisher brach liegende Gene können aktiviert und mobilisiert werden.

Es ist ebenfalls erwiesen, dass Veränderungen und Lernen wirksamer und nachhaltiger sind, wenn unsere sinnlichen Wahrnehmungen einbezogen werden (→ VAKOG, Kapitel 4.5) und wir emotional beteiligt sind. Positive Erlebnisse, bei denen möglichst viele Sinne beteiligt sind, haben also die größte Wirkung.

Wichtige Vorannahmen, die zu einer gelungenen Kommunikation beitragen

I. Die Landkarte ist nicht das Gebiet.

Jeder Mensch repräsentiert das, was er von der Wirklichkeit erlebt, auf seine ganz eigene Weise. Die Wahrnehmung wird durch einige Filter geprägt (z. B. Glaubenssätze, frühere Erfahrungen usw.).

Somit bildet man das Erlebte in seinen Repräsentationssystemen ab und entwickelt sich so seine Landkarte. Menschen, die miteinander kommunizieren, haben gewöhnlich ganz unterschiedliche Landkarten.

Es ist wichtig daran zu denken, dass Wahrnehmung immer subjektiv geprägt ist, denn dadurch wird uns klar, dass wir schon ganz genau hinhören, sehen, fühlen und denken müssen, um andere zu verstehen.

Vermittlungsarbeit zwischen Menschen ist oft ein Prozess, bei dem die verschiedenen Landkarten aufgezeigt werden müssen, um mögliche Missverständnisse aufzudecken und Verständigung zu ermöglichen.

II. Jedes Verhalten, sei es noch so unangemessen, wird von einer positiven Absicht motiviert.

Diese Grundannahme geht davon aus, dass Menschen eigentlich immer Gutes für sich erreichen wollen und versuchen, dies auf die bestmögliche Weise zu bekommen. Tieferer Ausgangspunkt des Handelns ist, etwas Gutes für sich zu tun und nicht etwas Schlechtes gegen andere.

Glaubt man an die gute Absicht, auch wenn das Verhalten negativ wirkt, so sieht man den Menschen dahinter als grundsätzlich gut an. Allein diese Annahme kann erst die Bereitschaft erhöhen, in Kontakt zu treten und das Verhalten zu reflektieren. Wenn sich Ihr Gegenüber grundsätzlich als Person gewürdigt fühlt, muss er nicht in eine Abwehr gehen. Das Herausschälen der eigentlichen positiven Absicht und die Suche nach möglichen Alternativen, wenn das Verhalten verändert werden soll, können beginnen.

III. Es gibt in der Kommunikation keine Fehler oder Defizite. Alles ist Reaktion.

Diese Vorannahme lässt uns darauf schauen, was von unserer Botschaft beim Anderen wirklich angekommen ist. Sie ermutigt zu einer wirklichen Verständigung, weil wir unser Gegenüber besser wahrnehmen, als wenn wir Fehler konstatieren würden. Wir sehen uns dabei in einem Prozess, bei dem durch neue Formulierungsversuche die Kommunikation ständig verbessert wird.

4.4 Ressourcen auf dem Weg zur Zielerreichung

Jeder Mensch hat die Ressourcen, die er braucht, um die Ziele zu erreichen, die für ihn stimmig sind.

Unsere Ressourcen sind wie ein Kraftstoff, der uns Energie gibt und uns auf dem Weg zu unseren Zielen motiviert. Sie sind all das, was uns in unserer Person und in unserem Handeln unterstützt und fördert.

Was sind unsere Ressourcen?

- gute Beziehungen zu anderen Menschen
- Wissen
- Gefühle
- unsere Talente und Fähigkeiten
- Attraktivität
- Geld
- unsere Gesundheit
- Spiritualität

Ressourcen sind auch erlebte Prozesse, die wir positiv bewältigt haben, also Lernerfahrungen und erreichte Erfolge. Fähigkeiten, das Wissen um den richtigen Weg sowie das Potential zur erwünschten Veränderung sind bereits im Menschen angelegt. Es gilt, Mittel und Wege zu finden, das vorhandene Potential zu entdecken und zu entwickeln.

Wir wissen mehr, als uns bewusst ist. Im eigentlichen Sinne ist die Erkenntnis ein Wieder-Erinnern an das, was wir im Grunde bereits wissen, nur vergessen haben!

4.5 Sprache und Repräsentationssysteme – VAKOG

Wir erfahren die Welt über unsere fünf Sinne und repräsentieren unsere erlebte Wirklichkeit innerlich auf unsere ganz eigene Art und Weise.

Die fünf Möglichkeiten der Wahrnehmung:

Als Merkhilfe kann das **Kürzel VAKOG** dienen, das alle Anfangsbuchstaben enthält

- **V**isuell (Sehen)
- **A**uditiv (Hören)
- **K**inästhetisch (Fühlen)
- **O**lfaktorisch (Riechen)
- **G**ustatorisch (Schmecken)

Dabei haben die meisten Menschen einen oder zwei bevorzugte Sinneskanäle. Es ist interessant zu wissen, welche Sinneskanäle Sie selbst und Ihr Gegenüber bevorzugen. Sie können so besser berücksichtigen, unter welchen Umständen Sie und andere am besten lernen und welche Kanäle angesprochen werden müssen, um jemanden zu überzeugen.

Ein visueller Typ muss z. B. etwas sehen, um es sich gut zu merken oder es für bedeutsam zu erachten. Für den auditiven Typ ist das gesprochene Wort die wichtigste Brücke, die ihn letztlich überzeugt. Kinästhetisch orientierte Menschen erleben Evidenz für eine Annahme am Stärksten, wenn sie etwas anfassen und mit ihrem Körper selbst tun können.

Für das Lernen gilt allgemein, dass wir uns Dinge umso besser einprägen können, je mehr Sinneskanäle bei der Aufnahme und Verarbeitung beteiligt sind.

Bei sehr intensiven Erlebnissen, unabhängig ob positiv oder negativ, sind oft alle Sinne aktiv. Besonders ressourcenreiche Zustände bringen häufig starkes sinnliches Erleben mit sich, bei dem alle Sinne beteiligt sind (Synästhesie).

Sprachmusterbeispiele für das Erkennen bevorzugter Sinneskanäle

V (visuell)	Bei diesem Thema habe ich *Licht ins Dunkel gebracht*. Und nun *leuchtet* es auch allen Beteiligten ein.
	Er *sah*, dass das Beispiel gut gewählt und in einem *glänzenden* Stil geschrieben war.
A (auditiv)	Es war ein sehr *stimmiges* Meeting heute Vormittag. Was er mir erzählt hat, *klingt* wirklich logisch.
	Er konnte nicht in die Ideen des Autors *einstimmen*, er würde ihm das gern *sagen*.
K (kinästhetisch)	Mir wird *kalt und warm* zugleich, wenn du mir so etwas erzählst. Die Situation ist so vertrackt, ich komme einfach nicht vom Fleck.
	Er mochte, wie der Autor alle Schlüsselthemen *berührt,* und er *begriff* die neuen Ideen.
O (olfaktorisch)	Das gestrige Thema der Sitzung *stinkt* doch bis zum Himmel. Es *riecht* ja hier förmlich nach Ärger.
G (gustatorisch)	Was ich mir da eingebrockt habe, *schmeckt* mir überhaupt nicht.

Nachfolgend noch einige Sprachmusterbeispiele:

Früher sah ich schwarz, als ich den Blick auf die Zukunft richtete. Seitdem neue Sichtweisen für Erhellung sorgten, gewann ich immer neue Perspektiven. Jetzt betrachte ich die Dinge ganz genau und sehe mehr das Ganze. *(Visuelle Sprachmuster)*

Früher war ich so festgefahren, dass mir der Weg zu einer angenehmen Zukunft versperrt war. Seitdem ich mich auf neuen Wegen bewege, haben sich immer mehr Türen für mich geöffnet. Ich habe jetzt begriffen, dass es sich lohnt, nicht mehr eingleisig zu fahren, sondern es auf mehrere Versuche ankommen zu lassen. *(Kinästhetische Sprachmuster)*

Kommunikation erfolgt mit Wörtern, in Tonalitäten, Körpersprache und Gedanken!

Schärfen Sie Ihre Sinne für Ihr Gegenüber und nutzen Sie diese um eine „freundschaftliche Beziehung" herzustellen!

Erkennen Sie sprachliche Zugangshinweise im ersten Kundengespräch!

Sie werden wahrscheinlich leichter eine „freundschaftliche Beziehung" zu einer Person aufbauen, die in gleicher Weise denkt wie Sie. Sie werden dies entdecken, indem Sie auf die Wörter hören, die der Gesprächspartner nutzt, unabhängig, ob Sie Ihrem Gegenüber zustimmen oder nicht.

Sprechen Sie mit Ihrem Gegenüber die gleiche Sprache. Lassen Sie Visualisierende beispielsweise „sehen“, Auditive „hören“ und Kinästhetische „fühlen“, was Sie sagen. Beachten Sie die Verben! Sicherlich sind Sie dann auf der gleichen Wellenlänge oder haben die gleichen Perspektiven!

4.6 Zugangshinweise über Augenmuster

Zitat: *„Wenn es ein Geheimnis des Erfolgs gibt, so ist es das: Den Standpunkt des anderen mit seinen Augen zu betrachten."*

(Henry Ford)

Schnelle, kurze und unbewusste Bewegungen der Augen in diverse Richtungen können Ihnen Aufschluss darüber geben, welches Repräsentationssystem gerade bevorzugt bzw. genutzt wird. Augenmuster zu lesen kann sehr hilfreich sein, um sich schneller auf Ihren Kunden einzustellen und die gleichen Kanäle zu nutzen. Im folgenden Kapitel werden die Augenzugangshinweise näher beschrieben bzw. erläutert.

 *(oben links)*

VK **v**isuell **k**onstruiert
(visuelle Bilder)

 *(oben rechts)*

VE **v**isuell **e**rinnert
(visuelle Bilder)

 *(links)*

AK **a**uditiv **k**onstruiert
(Klänge, Geräusche, Töne, Worte)

 *(rechts)*

AE **a**uditiv **e**rinnert
(Klänge, Geräusche, Töne, Worte)

 *(unten links)*

K **k**inästhetisch
(Empfindungen, Gefühle, Geruch, Geschmack)

 *(unten rechts)*

ID **i**nnerer **D**ialog
(abstraktes Denken)

Übung „Augenmuster erfragen“

visuell erinnert (VE)

Welche Farbe haben die Augen Deines Partners/Deiner Partnerin?
Wo hat Du mich heute das erste Mal gesehen?

visuell konstruiert (VK)

Stell Dir eine giftgrüne Kuh vor!
Wie würdest Du aussehen, wenn Du dreißig Kilo schwerer wärst?
Wie glaubst Du, schaut ein echter Marsmensch aus?

auditiv erinnert (AE)

Worüber hast Du heute beim Frühstück gesprochen?
Hat Dein Auto irgendein besonderes Geräusch?

auditiv konstruiert (AK)

Lass in Gedanken einen Pflasterstein auf eine Glasvase fallen. Was hörst Du?
Wie wirst Du als alter Mensch reden?

kinästhetische Vorstellungen (K)

Fühlt sich Dein rechter oder Dein linker Arm kälter an?
Kannst Du manchmal richtig lustig sein?

innerer Monolog/Dialog (ID)

(Fragen, die zum Grübeln, Nachdenken, Fantasiegesprächen führen)
Gibt es etwas, wo Du dich schwer entscheiden kannst?
Wenn Du zu Dir selbst sprichst, woher kommt der Klang?

4.7 Handlungsmotive des Kunden

John Torquato führt in seinem Buch *"Why winners win!"* folgende sechs Handlungsmotive auf:

- Gier
- Angst
- Bedürfnis/Bedarf
- Bestätigung durch andere
- Selbstbestätigung
- Sicherheit.

Hier einige Anwendungsbeispiele aus der Praxis:

Gier:
"Sie machen doch Werbung, weil Sie mehr Anteil am gesamten Geschäft haben möchten."

Angst:
"Innerhalb der letzten sechs Wochen haben hier vier Geschäfte mit einem ganz ähnlichen Angebot eröffnet."

Bedürfnis:
"Sie sagten, Ihre Bekanntheit müsste erhöht werden."

Bestätigung durch andere:
"Ihre Verkäufer werden Ihnen dankbar sein für die zusätzlichen Kunden."

Selbstbestätigung:
„Es wird Ihnen sicherlich gut gefallen, zu unseren Premium Werbekunden zu gehören."

Sicherheit:
"Mit diesem Einschaltplan sichern Sie Ihren Marktanteil wie mit einer Stahlwand gegen den Wettbewerb ab."

Merken Sie sich diese sechs Bedürfnisse einfach mit der G.A.B.B.S.S. – Formel!

4.8 Kundentypologien oder Was haben meine Kunden mit Giraffen und Eulen zu tun? Eine „tierische“ Kundentypologie oder von Pferden und Giraffen

Es gibt eine Vielzahl von Kundentypologien. Letztendlich können sie alle nur mehr oder weniger eine grobe Einschätzung der Kunden liefern. Eine Kundentypologie, die ich bei meiner täglichen Arbeit mit Mediaberatern seit vielen Jahren sehr gerne nutze, ist die von Prof. Claudius A. Schmitz. Er bietet hierzu eine Unterteilung von vier Persönlichkeitsstrukturen an. Es macht große Freude, mit dieser Kundentypologie anhand von Tierarten zu arbeiten. Überzeugen Sie sich selbst!

Von Prof. Dr. Claudius Schmitz aus seinem sehr zu empfehlenden Buch „Charismating“ (Financial Times Prentice Hall 2001):

Eine „tierische“ Kundentypologie

Bisher haben wir stets von *dem* Kunden oder *dem* Menschen gesprochen. Das ist natürlich nicht ganz korrekt, obgleich es generelle Glücks- oder Erlebnismomente gibt. Doch bevor wir uns näher mit konkreten Erlebnissen beschäftigen, ist es wichtig, für uns relevante Kundentypen vorzustellen. Es sollen hier nicht die bekannten Milieu- oder Lifestyle-Universen erklärt werden. Viele Anbieter, vor allem aus dem Interieurbereich, kennen diese inzwischen in- und auswendig. Dort sind sie bei der ersten groben Segmentierung sehr hilfreich. Was uns aber fehlt, ist ein griffiges, praxistaugliches und daher einfaches Instrument zur schnellen Diagnose von Menschen- und Kundentypen am Verkaufsort. Deshalb will ich eine im Marketing noch weitgehend ungenutzte Typologie vorstellen, die viel stärker als Lifestyle-Analysen auf Persönlichkeitsmerkmalen aufbaut.

In den letzten Jahrzehnten haben verschiedene Wissenschaftsbereiche, wie zum Beispiel die Hirnforschung, neue Erkenntnisse über menschliches Verhalten gewonnen. Warum reagiert der eine Mensch im stockenden Straßenverkehr aggressiv, der andere hat die Ruhe weg? Der eine sucht gleich eine andere Wegstrecke, um dem Stau zu entfliehen, ein anderer wieder verfolgt scharfsinnig jeden geschafften

Kilometer mit größter Freude und addiert die Nummern auf den Kfz-Schildern seiner Vordermänner. Sehr populär geworden ist die sogenannte Strukturanalyse von MacLean (1973), bei der das Gehirn hinsichtlich seiner Gehirnbereiche analysiert worden ist. Bei ihm erfahren wir eine Menge über unser Stammhirn, Zwischenhirn und Großhirn. Ziele der Forschung waren die Selbsterkenntnis und eine bessere Menschenkenntnis. In zahlreichen Trainings wurden Seminarteilnehmer für ihre besonderen Persönlichkeitsmerkmale sensibilisiert. Eine erstaunliche Analyse des eigenen Verhaltens und seiner Motive wird in der einschlägigen Literatur [5] plastisch herausgearbeitet. Der Umgang mit Menschen, vor allem mit Chefs und Mitarbeitern, kann hierdurch optimiert werden. Eine weitere bahnbrechende Erkenntnis kommt von Lynch und Kordis, zwei Wissenschaftlern, die auch einen an der Hirnforschung orientierten Ansatz gewählt haben. [6]

Sie bringen weitere detaillierte Erkenntnisse über das menschliche Verhalten und übertragen sie auf Unternehmensführung und Management. Auf dieser Grundlage möchte ich nachfolgend vier Käufertypen darstellen, mit denen der Marketing-, Handels- oder Dienstleistungsmanager direkt arbeiten kann. Ich möchte hier allerdings auf die langen theoretischen Grundlagen verzichten. Sie lassen sich nachlesen in den Originalquellen von Lynch und Kordis.

An dieser Stelle möchte ich nur die Quintessenz darstellen mit den von mir ergänzten anschaulichen Tiernamen und der Ableitung, welcher Typ auf welche Weise glücklich werden kann. Ich möchte praxisnahe Skizzen entwerfen, damit der Praktiker sofort damit umgehen kann. Aber vielleicht sollten Sie vor dem Weiterlesen einen kleinen Test machen.

---

[5] Vgl. Schirm, R. W.: *Die Biostruktur-Analyse – Grundlagen*, IBSA Institut für Biostruktur-Analysen AG, Baar 1990.

[6] Vgl. sehr ausführlich Lynch, D.; Kordis, P.: *Delphinstrategien – Management-Strategien in chaotischen Systemen*, Fulda 1991 und Lynch, D.: *Delphin-Denken – Gewinn mit Gehirn*, Freiburg i. Br. 1996.

Persönlichkeitstest – welcher Typ sind Sie – oder welchen Beitrag leisten Sie zur Gestaltung des Millenniums?

■■■ Bitte kreuzen Sie zu den nachfolgenden Aussagen die jeweils für Sie am zutreffendsten erscheinende Alternative an und geben Sie ihr die Ziffer 1. Für die zweitbeste Alternative (falls überhaupt eine in Frage kommt) vergeben Sie die Ziffer 2. Achten Sie darauf, dass Sie diejenige Alternative als Nummer eins auswählen, die der Realität am ehesten entspricht und nicht Ihrem Wunsch. ■■■

Sie treffen sich mit flüchtigen Bekannten auf einer Party. Worüber unterhalten Sie sich am liebsten?

a. Über Ihre neuesten Erfolge (Karriere), also Ihren Job.

b. Über spannendes Surfen im Internet oder verrückte Hobbys.

c. Wie Sie wo Steuern sparen können.

d. Über die guten alten Zeiten.

Welche Dinge sind in Ihrem Leben besonders wichtig?

a. Tolle Marken von berühmten Firmen.

b. Die Freiheit, Dinge zu tun, zu denen andere Menschen keinen Mut haben.

c. Die präzise Berechenbarkeit Ihres Lebens. Sie hassen Unvorhergesehenes.

d. Die Verlässlichkeit Ihres Partners.

Worauf sind Sie besonders stolz?

a. Auszeichnungen (Sportabzeichen, Bundesverdienstkreuz, tolles Handicap, seit zig Jahren verheiratet).

b. Ein paar verrückte Ideen, die Sie hatten.

c. In Ihrem Leben ist alles geordnet.

d. Ihre Freunde, auf die Sie sich verlassen können.

Wenn Sie Dinge tun, was ist für Sie dabei wichtig?

a. Sie setzen sich eine Frist.

b. Sie können es auf andere Art tun.

c. Sie konzentrieren sich auf die Fakten.

d. Sie verletzen dadurch niemanden.

**Sie stehen vor einer neuen Herausforderung.
Wie gehen Sie damit um?**

a. Sie fangen einfach an und zögern nicht lange.

b. Sie überlegen, was andere (Ihre Kolleginnen/Kollegen) in dieser Situation tun würden, und dann machen Sie es bewusst ganz anders (mal schauen, ob es auch anders geht).

c. Sie machen einen detaillierten Plan.

d. Sie fragen andere Menschen (Ihre Kollegen/Trainer/Mitarbeiter) und versuchen, im Team zu arbeiten.

Sie wollen Ihr neues Büro einrichten. Wie werden Sie es einrichten?

a. Mit Möbeln aus einem renommierten Designerladen.

b. Mit Möbeln, die von einem noch unbekannten Künstler gestaltet worden sind, Ihnen aber irgendwie gefallen, vielleicht etwas verrückt (à la Feng Shui).

c. Sie passen sich an die allgemeinen Einrichtungsvorschriften an, achten vor allem darauf, dass alles funktional ist.

d. Sie bestellen schöne Holzmöbel, die Ihnen schon seit langer Zeit gefallen, und richten eine Besprechungsecke ein. Sie legen Wert auf kommunikationsfreundliches Mobiliar.

Sie gewinnen im Lotto, respektive erben von einer Tante aus Amerika einen Haufen Geld. Was machen Sie nun damit?

a. Sie bauen sich eine tolle Villa, ganz nach Ihrem Geschmack.

b. Sie werden zuerst eine längere Weltreise in für Sie unbekannte Länder unternehmen.

c. Sie fragen Ihren Steuerberater, wie Sie das Geld am besten anlegen, um möglichst wenig an das Finanzamt zu verschenken.

d. Sie überlegen, welche gute Tat Sie für Ihre Eltern und Freunde zunächst tun können, die Sie bisher im Leben unterstützt haben. Erst dann gönnen Sie sich etwas.

Wie ist Ihr Leben bisher verlaufen?

a. Eigentlich hätte ich noch mehr daraus machen können. Aber noch ist nicht Schluss.

b. Ich weiß nicht genau. Vielleicht ein bisschen chaotisch. Aber das finde ich gut so.

c. Nicht ganz wie geplant, aber im Wesentlichen gut.

d. Es ist schön, viele Dinge Revue passieren zu lassen. Es ist schön, viele liebe Menschen kennen gelernt zu haben.

Das Ende naht. Sie dürfen Ihren Grabstein beschriften. Was sollte am ehesten eingemeißelt werden?

a. Er/Sie war der/die Beste von allen, er/sie hatte es voll drauf. Er/Sie hat die Firma mit voran getrieben.

b. Seine/Ihre Ungewöhnlichkeit machte ihn/sie zu einem wertvollen Menschen. Nie wusste man genau, woran man mit ihm/ihr ist.

c. Seine/Ihre unermüdliche Leistungen waren exzellent und erfolgreich. Er/Sie hatte das Leben voll im Griff.

d. Viele Menschen trauern um ihn/sie. Er/Sie war so nett.

Was kann Sie faszinieren?

a. Menschen mit Erfolg, natürlich viele Prominente.

b. Selber einmal Theater zu spielen oder auch ein neues Musikinstrument zu erlernen.

c. Eine lückenlose Sammlung von Ihren Lieblingsobjekten.

d. Die Warmherzigkeit eines Menschen.

Was bedeutet für Sie Glück?

a. Überragende Erfolge haben, und dafür belohnt werden.

b. Kreative Dinge tun.

c. Dinge, die man sich vorgenommen hat, zu einem erfolgreichen Ende bringen.

d. Von vielen gemocht werden, vor allem von der Familie.

Welches Lebensmotto könnte Ihnen gefallen?

a. Was Du heute kannst besorgen, verschiebe nicht auf morgen.

b. Wissen ist nichts, Fantasie ist alles.

c. Morgenstund hat Gold im Mund.

d. Erfahrung macht den Meister.

Sie haben es sehr eilig und sitzen im Wartezimmer eines Arztes. Sie warten bereits eine halbe Stunde, obwohl Sie einen Termin hatten.

a. Sie fragen die Sprechstundenhilfe ungeduldig, wann Sie endlich an der Reihe sind.

b. Sie träumen einfach.

c. Sie hatten Papier und Stift vorsorglich mitgenommen und arbeiten.

d. Sie kommen mit anderen ins Gespräch; oder Sie sind besonders charmant zur Schwester und erklären ihr betont freundlich, dass Sie auch gern später nochmals kommen würden, falls Sie nicht bald dran kämen.

Dieser Test gibt schnell Auskunft über Persönlichkeitstendenzen. Wenn Sie ehrlich waren, dann bekommen Sie auch ein ehrliches Ergebnis. Nun zählen Sie, wie oft Sie jeweils den Alternativen a., b., c. oder d. den Zuschlag gegeben haben.

a. bekam __ mal die Priorität 1 und __ mal die Priorität 2.

b. bekam __ mal die Priorität 1 und __ mal die Priorität 2.

c. bekam __ mal die Priorität 1 und __ mal die Priorität 2.

d. bekam __ mal die Priorität 1 und __ mal die Priorität 2.

Die Auswertung können Sie am Ende der nachfolgenden Ausführungen selbst vornehmen. Bis dahin dürfte Ihnen jedoch spätestens selbst klar geworden sein, worauf der Test hinausläuft.

Angelehnt an die Gehirnforschung können vier idealtypische Persönlichkeitstypen beschrieben werden, die in der Wirklichkeit natürlich selten in dieser Reinform auftreten dürften. Folgende Typen können unterschieden werden:

1. Der Hai

Dieser Typ kann als Macher beschrieben werden. Er ist wettbewerbsorientiert, will auffallen, ist statusbewusst, sucht Markenartikel, will den schnellen Durchblick. Er meint aufgrund seines meist hohen Selbstwertgefühls, er sei der Größte, Schönste, Beste und Attraktivste. Wenn er einkauft, dann ist es für ihn eine Jagd nach den besten Angeboten, den bekanntesten Marken zum besten Preis (Smart Shopper). Er will sofort – wie ein König – bedient werden, er trifft Entscheidungen sehr schnell. Damit steht er äußerlich unter Beweis, wie toll er ist. Er will im Gespräch überraschen, ja überrumpeln. Er macht sich einen Sport daraus, aus Unerwartetem Nutzen zu ziehen. Er ist sehr egoistisch, schnell und ungeduldig. Er will direkt seine Vorteile demonstriert bekommen, getreu dem Motto: „Was habe ich denn davon?" Häufig ändert er seine Zielsetzung, je nachdem was ihm größere Vorteile bringt. Seine Rhetorik und Körpersprache enttarnen ihn sofort. Er ist laut, direkt und geradlinig bei der Suche nach Beratung. Wenn er nicht innerhalb kürzester Zeit bedient wird, verlässt er ärgerlich den Laden und erzählt dies weiter. Er ist barsch und meist rechthaberisch.

Er erwartet eine übersichtliche und auf Effekte konzentrierte Ladengestaltung. Er muss auf einen Blick überschauen können, ob ein Geschäft seine Marken hat und wie man die Produkte am besten kombiniert. Er liebt die prestigeorientierte, prunkige Architektur mit kalten Materialien wie Glas, Beton, Granit, Marmor, Stahl. Ich bezeichne seine Lieblingsarchitektur mit einem Augenzwinkern als „Hai-Tech". Er mag die kalten Farben (unbunt und metallic) und eine gewisse Größe seiner Einkaufsstätte.

Natürlich muss das Geschäftsumfeld seinem Selbstwertgefühl entsprechen, im Klartext: Er mag noble Einkaufsstraßen. Nur bedingt besucht er auch andere Gegenden, und das nur dann, wenn sie ihm Geltung verschaffen.

Was macht **HAIE** glücklich?

Eigenschaften:

- Herausforderungen annehmen.
- Ziele haben, im Kampf bestehen und siegen, dann genießen und immer die Oberhand haben.

Ansprache:

- Alles muss schnell gehen.
- Das Ego sollte angesprochen werden.
- Ein repräsentativer Ort ist wichtig.
- Vorteile und Produktnutzen müssen sofort genannt werden.
- Auf Prägnanz der Argumente achten, das Wichtigste zuerst.
- Anwendungsgebiete aufzeigen.
- Interessiert am Gelingen.
- Selbstsicherheit kommunizieren.
- Den Kunden als König betrachten.

2. Das Pferd

Dieser Typ ist eher der Bewahrer von Bestehendem. Er vergleicht die Realität permanent mit seinen Vorstellungen von Moral und Ethik. Die Kommunikationstrainerin Vera F. Birkenbihl würde sagen, dieser Typ habe weniger eigene *Mein*-ungen, als vielmehr *Ander*-ungen im Kopf. Das bedeutet, er hört mehr darauf, was andere meinen, als auf die eigene Stimme, also die eigene Meinung. Das Pferd kennt nicht die Zwischentöne zwischen gut - schlecht oder schön – hässlich. Entweder etwas ist so *oder* so.

Es fühlt sich schnell emotional verpflichtet. Es liebt die Nostalgie und damit die guten alten Zeiten. Alles, was Unsicherheit und Unordnung in sein Weltbild bringt, wird zunächst abgelehnt. Es kümmert sich stark um andere Menschen, will gleichzeitig gehegt und gepflegt werden. Aufgrund seiner Harmoniesucht wird es versuchen, jeden Streit zu schlichten oder ihm vorher schon aus dem Weg zu gehen. Es will dazugehören. Dabei geht es vorrangig um menschliche Kontakte und nicht um Hightech.

Es erwartet beim Einkaufen nette Gespräche und hat eine hohe persönliche Bindung an das Verkaufspersonal und seine bevorzugten Marken. Seine Loyalität macht es zu einem gern gesehenen Kunden. Es steht brav in der Schlange und wartet geduldig, bis es an der Reihe ist. Wenn es allerdings ignoriert wird, bleibt es beleidigt und wird nicht wiederkommen. Denn es will geliebt werden. Es liebt Naturmaterialien wie Holz und Terrakotta, erdfarbene und warme Töne. Pflanzen und ein verspieltes Ambiente gehören selbstverständlich dazu. Anklänge an vergangene Zeiten und familiäre Atmosphäre werden bevorzugt. Seine Körpersprache zeigt, dass es ruhig und friedlich auftritt. Seine Haltung ist natürlich und locker. Die Rhetorik ist freundlich und stets warmherzig, es sei denn, es wird beleidigt. Das Pferd erwartet ein Höchstmaß an Sozialkompetenz. In der nachfolgenden Abbildung finden Sie wieder ein paar Tipps für Beratungsgespräche.

Was macht **PFERDE** glücklich?

Eigenschaften:

- Von allen geliebt werden.
- Dabei sein dürfen.
- Zuneigung u. positives Feedback (Lob) bekommen.
- Immer im Team sein dürfen.

Ansprache:

- Auf Persönliches eingehen.
- Wert legen auf das Gemeinsame.
- In Ruhe plaudern (Round Table).
- Stärkstes Argument ist der reibungslose, konfliktfreie Umgang mit den Leistungen.
- Bezug nehmen auf die Vergangenheit und die Zeit der guten Zusammenarbeit.
- Den Kunden als Freund betrachten.

3. Die Giraffe

Ich habe als Tiernamen die Giraffe gewählt, weil sie einen langen Hals hat und damit über den Tellerrand schauen kann. Sie ist visionär und hat häufig einen ungewöhnlichen Überblick über den vielen anderen Menschen nicht zugänglichen Horizont. Sie erforscht die Welt mit nahezu kindlichen Augen und befasst sich dabei am liebsten mit Möglichkeiten, aber nicht mit Gewissheiten. Fast philosophisch ist für sie alles überdenkenswert. Daher kommt sie häufig auch nicht zu klaren Entscheidungen. Viel zu orientierungslos (trotz großen Überblicks) ist sie häufig durch die Optionsvielfalt überfordert. Aber dennoch, sie besteht auf Vielfalt, auf Neuerungen und Verrücktes. Sie selbst ist höchst kreativ und hat eine für andere Typen unheimliche Fantasie. Sie kann mitten im Spiel die Regeln ändern. Sie macht sich über Sitten und Gebräuche, sprich Konventionen, lustig. Sie kann die Engstirnigkeit anderer nicht nachvollziehen. Sie meint, sie sei allen voraus. Sie ist trendig und erkennt, was man gemeinhin als Kult bezeichnet.

Sie strebt nach Abwechslung, was den Anbietern eine ungeheure Anstrengung abverlangt. Denn diese müssen immer auf dem neuesten Stand sein, um ihre Aufmerksamkeit auf sich zu richten. Die Körpersprache und die Rhetorik verraten sehr schnell die Orientierungslosigkeit dieses Typs. Sie drückt sich häufig unklar aus und schaut sich vor dem Einkauf ausgiebig um. Daher braucht sie eine fachlich kompetente, vor allem auf Problemlösung ausgerichtete Beratung, die auch auf einen Geschäftsabschluss fixiert ist. Sie selbst würde sich nicht so einfach entscheiden können. Anderer Extremfall: Sie kauft freiwillig ein ganzes Einrichtungshaus leer, übersieht dabei aber völlig, dass sie gerade kein Geld dabei hat. Ungewöhnliche Inneneinrichtung und verrückte Architektur werden von ihr gern favorisiert. Es ist weniger wichtig für sie, dass ein bekannter Designer bei der Produktgestaltung selbst Hand angelegt hat, aber der Designer muss eine visionäre Gestaltungslinie verfolgen.

Was macht **GIRAFFEN** glücklich?

Eigenschaften:

- Unerforschtes ergründen dürfen.
- Permanent vor kreativen Herausforderungen stehen und damit Erfolg haben.
- Immerzu experimentieren dürfen.

Ansprache:

- Auf die Neuartigkeit und Originalität der Leistung hinweisen.
- Stets das Besondere hervorheben.
- Den Blick für die Zukunft betonen, quasi als Selbstzweck.
- Lieber das Thema wechseln, als eine Sache redundant zu vertiefen.
- Einen ungewöhnlichen Besprechungsort suchen.
- Den Kunden als Spielkameraden betrachten.

4. Die Eule

Wie die Symbolik dieses Tiers bereits deutlich macht, handelt es sich um einen inflexiblen Menschen, der einen ausgeprägten Sinn für das Kleingedruckte hat. Die Eule liebt Fakten und viele Informationen, die allesamt säuberlich, ja pedantisch sortiert und analysiert werden. Sie ist stolz auf ihre Qualifikation und ihr Fachwissen. Sie liebt die Perfektion, sie verachtet unprofessionelle Verhaltensweisen. Die strengen Maßstäbe, die sie an sich selbst stellt, legt sie auch anderen an. Sie sieht die Zukunft als die logische Verlängerung der Vergangenheit. Daher kann sie Unerwartetes und Überraschungen nicht gut bewältigen. Für sie gilt nur der nüchterne, sachliche Verstand. Bei ihr hat alles an seinem Platz zu sein, und genau das kontrolliert sie auch mit Vorliebe. Die anderen Typen mögen sie nicht allzu gern, weil sie in den Augen anderer „den Betrieb aufhält".

Ihre Konversation ist vorsichtig und präzise. Wichtig sind stichhaltige Argumente, während Geglaubtes nicht zählt. Ungenauigkeiten bei der Warenbeschreibung werden nicht verziehen. Fachkompetenz zählt für die Eule mehr als „emotionales Getue", sprich Sozialkompetenz. Ambiente und Architektur müssen übersichtlich und konventionell gehalten sein.

Was macht **EULEN** glücklich?

Eigenschaften:

- Zu wissen, alles abgeklärt zu haben.
- Die perfekte Ordnung zu haben (auch im Kopf).
- Ein Projekt in allen Einzelheiten mit äußerster Konzentration durchdrungen zu haben.
- Immerzu die Kontrolle haben.

Ansprache:

- Details abklären, das heißt all das „Kleingedruckte".
- Was wird getan, wenn etwas nicht 100%ig funktioniert?
- Alles der Reihe nach durchgehen.
- Viel nachfragen, um nichts falsch zu interpretieren.
- Argumente zusammenfassen.
- Das stärkste Argument kommt zum Schluss.
- Viel Informationsmaterial an die Hand geben.
- Fachkompetenz vermitteln.
- Den Kunden als Lernenden betrachten.

Tiertypologien müssen richtig gedeutet werden!

Wie schon angedeutet, werden die Tiertypen meist nicht in Reinform auftreten. So wird man in der Praxis zumeist Kombinationen vorfinden, bei denen mehrere Typen vermischt sind. Trotzdem kann vermutet werden, dass eine dieser Eigenschaften dominant ist. Beispielsweise zeigt sich bei einem Menschen eine starke Neigung zum Pferd, jedoch mit drei weiteren unterschiedlich ausgeprägten Neigungen.

Man könnte einwerfen, es sei schwierig, die Typen zu identifizieren, wenn sie sich schauspielerisch verstellen. Denn es könnte schließlich sein, dass sich ein Hai gerne kreativ, also als Giraffe darstellt. Dem geübten Auge wird dieses Rollenspiel jedoch auffallen. Ein Verkäufer oder Berater braucht nur ein paar geschickte Fragen zu stellen, um den wahren Typen aufzudecken. Die Ungeduld wird den Hai schnell verraten. Und dann heißt es, sofort konkrete Alternativen anzubieten unter größter Berücksichtigung seines Statusanspruchs. Er will – wie gesagt – der Größte sein.

Meine Forschungen des letzten Jahrzehnts haben einige hoch interessante Entwicklungen gezeigt. Meine These ist: Wenn man weiß, welcher Typ vor einem steht, dann kann man ihn besser beraten - natürlich im Hinblick auf einen Geschäftsabschluss mit nachhaltig gutem Ausgang. Aber auch bei der Planung und Gestaltung des Ambientes (Abteilungen, Nischen, komplettes Geschäft) wäre es doch fantastisch, genau den Geschmacksstil zu treffen. Wenn man darüber hinaus auch noch wüsste, welcher dieser Typen in der Zukunft einen besonders hohen Anteil ausmachen wird, so könnte man sich auf die Typen sehr gut vorbereiten und einstellen. Und genau das ist der Fall!

Meinen Beobachtungen und Befragungen zufolge ist einer dieser Typen in der Altersgruppe der 20- bis Mitte 30-Jährigen überrepräsentiert. Im Charismating-Baustein Scouting verrate ich Ihnen die Auflösung. Hier sei nur so viel verraten: Emotio schlägt Ratio auf jeden Fall.

Ich bin davon überzeugt, dass alle Geschäftskonzepte, die stärker an der Emotionalität der Menschen orientiert sind, erfolgreicher sein werden als die rational und funktional geprägten Versorgungskonzepte, bei denen nur der Preis zählt. Grund genug für die Industrie, sich darüber Gedanken zu machen, wie der Fachhandel in den nächsten Jahren gestärkt werden kann.

Aber bereits jetzt dürfte klar geworden sein, dass auch die Unternehmen im Business-to-Business-Bereich ganz anders miteinander umgehen müssen. Damit ist der Glanz des sogenannten „König Kunden" längst vorüber, da dieser lediglich auf das streng rationale, also vernunftorientierte Miteinander abzielte. Jetzt heißt es, wieder stärker das irrationale und gefühlsorientierte Verhalten in den Vordergrund zu rücken. Das entsprechende empathische Empfinden für die emotionale Stimmung des Gegenübers ist in vielen Geschäftsabläufen leider in den Hintergrund getreten. Daher ist es sehr sinnvoll, sich intensiv mit der Steigerung seiner emotionalen Intelligenz auseinander zu setzen.

Und dennoch: Wenn wir anderen „Tieren" begegnen, hilft die Tiertypologie ungemein, viel schneller und sensibler an der Rhetorik und der Körpersprache des Partners zu erkennen, in welche Kategorie er gehören könnte. In Videotrainings mit mehreren Verhandlungspartnern kann das optimal geübt werden. Häufig sitzt der Lieferant ja auch mehreren Personen des Kundenunternehmens gegenüber. Hier heißt es, blitzschnell zu diagnostizieren, wer welche Rolle darstellt: Haie brauchen schnelle Ergebnisse, getreu dem Motto „Was habe ich für einen Vorteil davon?" Die Eulen brauchen den Beweis auf der Basis aktueller und ausführlicher Informationen. Pferde brauchen das Gefühl, dass alles irgendwie beim Alten bleibt und Veränderungen selbstverständlich im Einklang mit allen Beteiligten erfolgen werden. Giraffen sehnen sich nach ungewöhnlichen Problemlösungen, um die Zukunft chancengleich mitzugestalten. Aber das wissen Sie bereits.

Auflösung des Persönlichkeitstests:

Sie haben zu Beginn dieses Kapitels einen kurzen Persönlichkeitstest absolviert. Wahrscheinlich ist Ihnen inzwischen klar geworden, welche Bedeutungen den Antwortalternativen a., b., c. und d. zuzuschreiben sind. Der Hai repräsentiert jeweils die Alternative „a.", die Giraffe spiegelt die Alternative „b." wider, die Eule finden Sie jeweils als „c." und natürlich sollte „d." das Pferd charakterisieren. Wenn Sie für sich eine „Tiergattung" ausmachen konnten, überlegen Sie, ob Sie damit wirklich glücklich sind. Vielleicht beginnen Sie mit einem Training, das beispielsweise Ihre Hai- oder Giraffen-Mentalität noch etwas vertieft.[7]

[7] Vgl. „Charismating" von Prof. Dr. Claudius Schmitz (Financial Times Prentice Hall 2001, Seite 159 – 169).

4.9 Einwandbehandlungen

„Geiz ist ungeil" – Erfolgreiche Mediaberater verhandeln nicht primär über den Preis!

Was hat „Geiz ist geil" so interessant gemacht, und warum sollte es eher heißen „Geiz ist ungeil"?

Das Jahr 2000 war zum einen der Start ins neue Millennium, zum anderen auch ein Beginn der Talfahrt in der Medienbranche. Geiz wurde geil und jeder, der für Qualität einen angemessenen und vor allem überlebenswichtigen Preis zahlte, sollte sich dämlich fühlen. Je geiziger, desto geiler. Was im Einzelhandel begann, schwappte schon bald auch auf unsere Branche über. Und das, obwohl Radio schon immer mit dem Image kämpfen musste, Preislisten nur als Makulatur anzusehen.

Der Preis ist nur *ein* Kriterium, eine Dienstleistung oder ein Produkt zu bewerten! Finden Sie heraus, welche weiteren Kriterien ihrem Kunden wichtig sind, z. B. Produktqualität, Service etc.

Anmerkung:

Meine persönliche Erfahrung hat gezeigt: Entscheidend ist, dass ein vertrauensvolles und somit gutes Kundenverhältnis besteht, dem Kunden darüber hinaus der Nutzen einer Kampagne klar ist und er die Instrumente versteht, die er einsetzt. Wenn er also versteht, wie Radiowerbung und somit auch seine Kampagne funktioniert, dann ist der Preis nicht mehr der primäre Punkt bei der Entscheidungsfindung. Arbeiten Sie darauf hin, dass Ihr Kunde die Wirkungsweise von Radio wirklich versteht. Dann erhöht sich die Bereitschaft auf Kundenseite, ausreichend Budget einzusetzen, um eine wirkungsvolle Kampagne zu realisieren.

Die richtigen Fragen stellen!

Die richtige Vorbereitung eines Kundenbesuches entscheidet sowohl über den Abschlusserfolg als auch über die Höhe des Umsatzes. Neben dem Zuhören ist eine gezielte Fragestellung zum Erhalt wichtiger Informationen unabdingbar.

Neben der Kunst, die richtigen Fragen zu stellen, ist es von großer Bedeutung, evtl. Einwände des potentiellen Kunden schnell und gekonnt zu entkräften.

Hierzu finden Sie nachfolgend einige praxisorientierte Beispiele:

Potentieller Kunde:

Bevor ich buche, möchte ich noch warten, bis andere Angebote da sind oder die Preise sinken.

Mediaberater:

Wie niedrig sollten die Preise ihrer Meinung nach sein, um Hörfunkwerbung zu buchen?

Potentieller Kunde:

Der Preis ist zu hoch!

Mediaberater:

Was meinen Sie mit zu hoch?

Zu hoch im Vergleich womit?

Zu hoch im Vergleich mit dem, was Sie ausgeben wollten?

Um wie viel zu hoch?

Potentieller Kunde:

Ich bin mit meinem Unternehmen neu im Markt und möchte mich erst einmal eine Zeit lang umschauen.

Mediaberater:

Was haben Sie vorher gemacht?

Wie lange wollen Sie sich umschauen?

Potentieller Kunde:

Das Programm gefällt mir nicht.

Mediaberater:

Was gefällt Ihnen daran nicht?

Was meinen Sie, denken Ihre Kunden über das Programm?

Potentieller Kunde:

Ich weiß nicht, ob jetzt eine gute Zeit ist, um Radiowerbung zu buchen.

Mediaberater:

Im Allgemeinen oder für Sie persönlich?

Was befürchten Sie?

Potentieller Kunde:

Ich habe gerade angefangen, mich über Hörfunkwerbung zu informieren.

Mediaberater:

Wo haben Sie sich bereits informiert?

Seit wann genau informieren Sie sich schon?

Wer hat Ihnen bei der Suche bis jetzt geholfen?

Haben Sie früher bereits Hörfunkwerbung gemacht?

Potentieller Kunde:

Der Hörfunkmarkt ist mir momentan zu hektisch. Es sind mir zu viele Hörfunkanbieter im Markt. Ich kann und will mich noch nicht entscheiden!

Mediaberater:

Was meinen Sie mit zu hektisch?

Was glauben Sie, wie viel Zeit Sie zum Umschauen brauchen?

Was müssen Sie wissen, um eine vernünftige Entscheidung treffen zu können?

Woran würden Sie erkennen, dass Sie das richtige Hörfunkangebot gefunden haben?

Potentieller Kunde:

Ich mache keine Radiowerbung!

Mediaberater:

Aus welchen Gründen haben Sie sich für dieses Vorgehen entschieden?

Haben Sie in der Vergangenheit schlechte Erfahrungen mit Hörfunkwerbung gemacht?

Hat Ihnen ein Mediaberater einmal etwas versprochen, was die Hörfunkwerbung nicht gehalten hat?

Ist Geld der wichtigste Grund, warum Sie keine Werbung machen möchten?

Potentieller Kunde:

Ich habe noch nie von ihrem Sender gehört!

Mediaberater:

Welche Sender kennen Sie?

Warum ist das wichtig für Sie?

Was sind Ihre Bedenken?

Potentieller Kunde:

Mediaberater von anderen Sendern bieten mir Preise, die meinen Vorstellungen entsprechen!

Mediaberater:

Was glauben Sie ist der Hauptgrund, warum sich die Mediaberater so verhalten?

Welche Erfolge haben diese Radiosender?

Was haben Sie zuletzt verkauft?

Potentieller Kunde:

Mit Mediaberatern anderer Sender kann man besser über den Preis verhandeln.

Mediaberater:

Was meinen Sie mit verhandeln?

Was bieten die anderen Mediaberater Ihnen?

Potentieller Kunde:

Ich arbeite nur mit großen (kleinen) Radiosendern zusammen!

Mediaberater:

Was genau verstehen Sie unter große (kleine) Radiosender?

Welche Bedenken haben Sie?

Aus welchen Gründen tendieren Sie zu einer Zusammenarbeit mit großen (kleinen) Sendern?

Hatten Sie in der Vergangenheit gute Erfahrungen mit großen (kleinen) Radiosendern und wie waren diese?

Ersetzen Sie in Ihrer Kommunikation die Worte: aber, dennoch, trotzdem, obwohl, auch wenn, nichts desto weniger, dann wiederum ... durch verbindende Wörter wie: und da, und so, während, darüber hinaus.

Diese Vorgehensweise hat gute Gründe! Das Wort *aber* beispielsweise macht das zuvor Gesagte zunichte. Sagen Sie statt „Ich verstehe was Sie meinen, aber ...“ besser „Ich verstehe was Sie meinen, darüber hinaus ...“. Mediaberater, die auf einen Einwand mit einer „ja, aber“-Formulierung eingehen, erzeugen beim Kunden genau so viel Widerstand, als ob Sie dem Kunden eine Ohrfeige geben würden.

Als *potentielle Kunden* bezeichnet man Unternehmen / Personen, welche auf Ihrem Sender noch keine Hörfunkwerbung geschaltet, dennoch ihr Interesse an der Schaltung von Hörfunkwerbung bekundet haben oder für Hörfunkwerbung in Frage kommen könnten. Hat sich ein potentieller Kunde für Radiowerbung entschieden und eine Kampagne gebucht, wird er als *Neukunde* im Kundenstamm geführt. Schließt dieser Kunde sodann Folgeaufträge ab, so wird er als *Bestandskunde* gesehen.

Betrachtet man die Zusammensetzung der gesamten Auftragsabschlüsse in einem Zeitraum von beispielsweise einem Monat, so liegt im Idealfall das Verhältnis von Neukunden zu Bestandskunden bei 30 % zu Gunsten von Neukundenaufträgen.

Anmerkung:

Achten Sie von Anfang an darauf, eine gute Gewichtung von Bestandskunden zu Neukunden zu haben. Denken Sie an folgende zwei wichtige Merksätze:

- Neukunden benötigen extrem viel Zeitaufwand.
- Machen Sie sich nicht abhängig von wenigen Bestandskunden.

Zum Abschluss eines jeden Auftrages sollten Sie auf folgende Dinge achten:

1. Gratulieren Sie Ihrem Kunden zu seiner Kaufentscheidung.
2. Nehmen Sie Einwände vorweg, beispielsweise: Was wäre wenn
   ... sich Hörer über den Spot beschweren.
   ... der Abverkauf nicht den gewünschten Erfolg bringen würde.
3. Was könnte Ihren Kunden an all die wichtigen Gründe erinnern, die Ihn zu diesem Kauf geführt haben?
4. Suggerieren Sie eine Antwort. Stellen Sie eine Verknüpfung zwischen den Zweifeln und den Gründen, die für die Kaufentscheidung sprechen, her.
5. Achten Sie auf die Antworten Ihres Kunden!
6. Stellen Sie Ihrem neugewonnen Kunden unbedingt folgende Abschlußfrage:
   „Was muss passieren, damit Sie die jetzt gebuchte Kampagne als erfolgreich und für Sie lohnenswert bezeichnen würden?“ (Hier darauf achten, dass die Antwort realistisch ist!)
7. Bestenfalls machen Sie sich Notizen, auf die Sie sich in Nachbesprechungen mit dem Kunden beziehen können.

4.10 Warum erstellen wir Reportings?

Das Erstellen von Umsatz- oder Wochenreportings ist für die meisten Mediaberater ein lästiges Übel. Sinn und Nutzen dieser Art der Reportings bestehen zum einen darin, der Geschäfts- sowie der Verkaufsleitung einen kalkulatorischen Überblick über die zu erwartenden Umsätze für Prognosen/Forecasts geben zu können. Ebenso dienen sie als Arbeits- und Leistungsnachweise mit der nicht minderen Funktion, dem Mediaberater eine detaillierte Übersicht über seine Kundenkontakte zu geben. Hieraus erkennbar ist im Nachhinein nicht nur das mögliche Umsatzvolumen, sondern auch die Entwicklung einzelner Gespräche mit verschiedenen Kunden und Ansprechpartnern. Es dient demnach auch als Terminierungshilfe und Gedächtnisstütze.

Hier ein Beispiel eines Wochenreportings, wie ich es sehr gern zum Einsatz bringe:

Name	Erwin Umsatz
KW	19/2010
Anzahl der Besuche	12
Kd./Firma	Firma XY
Neukunde	X
Bestandskunde	
Funktion/Ansprechpartner	Bereichsleiter Marketing
Jahresbudget	nein
Typ	Hai
Thema/Besuch	Klassische Spotwerbung
Next steps	Termin 10.06.2010
Chanchen in %	50
Auftragsvolumen	10 TE

4.11 Provisionen

Das Thema Provisionen bietet vielfältige Möglichkeiten, um Mediaberater einerseits zu entlohnen und gleichzeitig zu motivieren. Leider findet man im privaten Hörfunk immer noch das klassische Provisionsmodell: Hier setzt sich das Gehalt aus einem geringen Garantiefixum sowie Provisionszahlungen aus abgeschlossenen Aufträgen zusammen. Die Provisionssätze variieren hierbei je nach Sendergröße. Nachfolgend möchte ich zwei Modelle erläutern, die motivierendere „Verprovisionierungen“ beinhalten:

I. Modell:

Das Gehalt des Mediaberaters setzt sich aus drei Komponenten zusammen:

a) einem Garantiefixum

b) zzgl. einer persönlichen Provision pro abgeschlossenem Auftrag (Provision aus Eigenumsatz)

c) zzgl. einer Provision aus dem erreichten Monatsumsatzziel des Verkaufsteams (Provision aus Teamumsatz).

Dies ist beispielsweise ein Modell, welches ich selbst bevorzuge, weil es einen Know-how-Austausch innerhalb des Teams ermöglicht. Es fördert keine Einzelkämpfer, sondern das gesamte Team, dennoch gibt es mit der Provision auf persönliche Umsätze genügend Motivation, seinen Eigenanteil zu erhöhen. Gerade für Mediaberater, die in der Angebotsgestaltung sowie in der Kreation von Sonderwerbeformen besonders stark sind, erweist sich diese Provisionierung als Empfehlungsmodell, da sie abschlussstarken Verkäufern bei der Erstellung von Angeboten behilflich sein können. Sie partizipieren sodann von den Umsätzen des gesamten Teams.

II. Modell:

Dieses Modell ist darauf ausgerichtet, die Neukundengewinnung zu unterstützen und die Bestandskundenpflege zu optimieren. Zusätzlich motiviert es den Mediaberater durch Monats- und Jahresprämien. Es setzt sich zusammen aus:

a) einem Garantiefixum

b) Provisionen auf generierte Einzelumsätze

c) einer Prämie für die meisten Bonuspunkte im Monat

d) einer Jahressonderprämie, für die meisten Bonuspunkte im Jahr.

Zum einen erhält der Mediaberater sein Garantiefixum sowie Provisionen auf die generierten Einzelumsätze. Zum anderen werden ein Neukundenindex und ein Bestandskundenindex erstellt. Hierbei werden die Anzahl der Neukundenabschlüsse sowie die Anzahl der Bestandskundenabschlüsse aus dem Vormonat jeweils mit einer entsprechenden und für alle Mediaberater gleich bleibenden Wertekomponente multipliziert. Wird das langfristige Ziel definiert, über das entsprechenden Jahr mehr Neukundenabschlüsse zu generieren, so ist die hier zu multiplizierende Komponente höher als die des Bestandskundenindexes. Neukundenindex und Bestandskundenindex können somit addiert werden und ergeben unter Berücksichtigung der persönlichen Renditerechnung des Mediaberaters die Anzahl der Bonuspunkte. Der Mediaberater mit dem höchsten Bonuspunktestand im Monat erhält eine zusätzliche Monatsprämie. Die Bonuspunkte werden sodann auch über das Jahr gesammelt. Zusätzlich gibt es für die Jahresbestzahl an Monatsbonuspunkten eine Sonderprämie am Ende des Jahres.

Zur Person

STEPHAN FALK

Jahrgang 1968

Stephan Falk ist Werbekaufmann und hat Kulturmanagement studiert. Er arbeitete u. a. als Kulturreferent, Werbekaufmann, Konzeptioner, Geschäftsführer und Geschäftsführender Direktor. Seit fast zwanzig Jahren ist er in der Kommunikationsbranche tätig, hauptsächlich im Bereich Marketing, Medien, Kultur und Tourismus. Größtenteils hielt er diverse Führungspositionen inne, zuletzt mehrere Jahre als Geschäftsführender Direktor einer internationalen Vermarktungsgesellschaft und eines regionalen Radiosenders. Seit 2005 arbeitet er als Kommunikationsberater, Coach und Autor. Als Unternehmer ist er u. a. Gesellschafter einer Touristikgesellschaft. Nichts begeistert ihn mehr, als die Arbeit mit Menschen und die damit zusammenhängenden Kommunikationsprozesse, besonders in wirtschaftlichen Bezügen. Die Begleitung und Entwicklung von Team(building)-Prozessen sowie die Unterstützung und Initiierung von Kreativitätsprozessen faszinieren ihn. Er ist Mitglied im DVNLP und nach den Richtlinien des DVNLP ausgebildeter NLP-Master. Privat lebt er mit seiner Lebenspartnerin und mit seinen beiden Kindern Lenn und Charlotte in Köln.

Stichwortverzeichnis

M

N

O

P

Q

R

S

Literaturverzeichnis

„Werbung in Theorie und Praxis"
Herausgegeben von Karl Schneider und Prof. Dieter Pflaum, M&S-Verlag

Klaus Goldhammer
„Formatradio in Deutschland"
Spiess-Verlag

Prof. Dr. Hans Jürgen Rogge
„Werbung"
Kiehl Verlag

Stefan Brünjes und Ulrich Wenger
„Radio-Report"
Bundeszentrale für politische Bildung

„Vahlens großes Marketing-Lexikon"
Herausgegeben von Hermann Diller,
Deutscher Taschenbuchverlag

Prof. Dr. Hans Christian Weis
„Marketing"
Kiehl Verlag

Stefan Klein
„Die Glücksformel"
Rowohlt Verlag

Anja Kühner/Thilo Sturm
„Das Medien-Lexikon"
Verlag Moderne Industrie, 2000

Interessante Links zum Thema Radio

www.aereurope.org

www.agma-mmc.de

www.alm.de

www.ard-werbung.de

www.broadcast-future.de

www.live365.com

www.medien-index.de

www.radioday.de

www.radio-locator.com/cgi-bin/nation

www.radionews.de

www.radioservice.de

www.radiosites.de

www.radioszene.de

www.radioverkauft.de

www.radioweb.de

www.radiozentrale.de

www.surfmusik.de

www.ukwtv.de

www.web-radio.com/in_list.cfm

www.wrn.org

Kontakt

FALK KOMMUNIKATION

Stephan Falk, Köln

Email: post@stephanfalk.de

Web: www.stephanfalk.de

„Falks Handbuch für Mediaberater im Hörfunk“ ist nicht als allumfassendes, wissenschaftliches Fachbuch zu verstehen. Vielmehr ist es ein Buch für die tägliche Praxis. Das Buch vermittelt Grundlagenwissen aus den Bereichen Marketing, Medien und der Kommunikation mit dem Kunden (u. a. aus dem NLP). Sie finden eine Vielzahl von Praxisbeispielen sowie hilfreiche Tipps für das tägliche Geschäft. „Falks Handbuch für Mediaberater im Hörfunk“ ist somit der ideale Begleiter eines erfolgreichen Mediaberaters und gehört in jede Aktentasche.

Zeitfracht Medien GmbH
Ferdinand-Jühlke-Straße 7
99095 Erfurt, Deutschland
produktsicherheit@kolibri360.de